GUERRA DO PARAGUAI

JOSÉ FRANCISCO BOTELHO   LAURA FERRAZZA DE LIMA

GUERRA DO PARAGUAI

VIDAS, PERSONAGENS E DESTINOS NO MAIOR CONFLITO DA AMÉRICA DO SUL

RIO DE JANEIRO, 2021

Copyright © 2021 por José Francisco Botelho e Laura Ferrazza de Lima

Todos os direitos desta publicação são reservados à Casa dos Livros Editora LTDA. Nenhuma parte desta obra pode ser apropriada e estocada em sistema de banco de dados ou processo similar, em qualquer forma ou meio, seja eletrônico, de fotocópia, gravação etc., sem a permissão dos detentores do copyright.

Diretora editorial: *Raquel Cozer*
Coordenadora editorial: *Malu Poleti*
Editoras: *Diana Szylit e Laura Folgueira*
Preparação: *Fabiana Grazioli Medina*
Revisão: *Andréa Bruno e Daniela Georgeto*
Capa: *Douglas Lucas*
Projeto gráfico: *Anderson Junqueira*
Diagramação: *Abreu's System*
Tratamento de imagens: *Juca Lopes*
Ilustração da capa: *Renato Alarcão*

Dados Internacionais de Catalogação na Publicação (CIP)
Angélica Ilacqua CRB-8/7057

B761g

    Botelho, José Francisco
        Guerra do Paraguai : vidas, personagens e destinos no maior conflito da América do Sul / José Francisco Botelho, Laura Ferrazza de Lima. — Rio de Janeiro: HarperCollins, 2021.
        224 p. : il. (Guerras do Brasil /Luiz Bolognesi)

        Bibliografia
        ISBN 978-65-5511-118-7

        1. Paraguai, Guerra do, 1865-1870 2. Brasil - História I. Título II. Lima, Laura Ferrazza de III. Bolognesi, Luiz

21-0438   CDD: 989.205
                                      CDU: 94(89.2)

Os pontos de vista desta obra são de responsabilidade de seus autores, não refletindo necessariamente a posição da HarperCollins Brasil, da HarperCollins Publishers ou de sua equipe editorial.

Rua da Quitanda, 86, sala 218 — Centro
Rio de Janeiro, RJ — CEP 20091-005
Tel.: (21) 3175-1030
www.harpercollins.com.br

SUMÁRIO

Apresentação, por Luiz Bolognesi   7

1. "Não pude ser a mulher que meus inimigos pintaram": a Rainha do Paraguai   13

2. "Inteligente, mas um pouco palrador": um padre francês na invasão do Brasil   29

3. "O nosso caminho está ali em frente": um baiano na invasão do Paraguai   57

4. "E ele cumpriu a promessa": Dom Bartolo em Iataití-Corá   95

5. "O que não mata engorda": o homem que odiava Caxias   127

6. "Não dava gosto brigar com tanta criança": Dionísio Cerqueira e o flagelo do Paraguai   147

7. "Vai lanceado na barriga": o homem que matou Solano López   175

Epílogo   195

Agradecimentos   201

Linha do tempo   202

Glossário bélico   206
Personagens históricos   208
Referências   218

APRESENTAÇÃO

Sem compreendermos de onde viemos e por que vivemos como vivemos, somos incapazes de influenciar nosso próprio destino. Rumamos à deriva, como uma caravela sem sol nem estrelas, uma aeronave sem GPS nem radar. Entender o passado e ter consciência dos fatos históricos que pariram nossa realidade é imprescindível para transformar o presente num futuro melhor.

Foi com esse sentimento que decidi produzir e dirigir a série *Guerras do Brasil.doc*, que estreou em 2019 e se aprofunda na série de livros da qual faz parte este *Guerra do Paraguai*. Os documentários permitem um primeiro voo sobre os temas, enquanto os livros proporcionam um mergulho intenso, com a possibilidade de ver mais paisagens, conhecer melhor os personagens, sentir a temperatura dos conflitos que empurraram o país para a encruzilhada em que vivemos hoje.

Não podemos esquecer que, enquanto aconteciam, os fatos do passado eram presente. No momento em que a história acontece, ela é um *thriller* de suspense, porque os personagens tomam decisões sem saber no que vão dar. É assim que leio livros de história desde os 7 anos: como quem mergulha numa série de suspense. Mas há uma diferença eletrizante e angustiante: tudo é real. Diante de um livro de história, sentado no banco do ônibus ou deitado na rede de casa, percebo que sou o resultado dos acontecimentos que estão narrados ali.

A série de livros *Guerras do Brasil.doc* é fruto de dois anos de pesquisas em fontes primárias e interpretações de historiadores, antropólogos, filósofos, jornalistas e até psicanalistas, respeitando os lugares de fala dos pensadores e historiadores. A maneira de contar a história une o rigor histórico ao esforço de produzir uma narrativa emocionante, desafiadora, repleta de dilemas, enigmas e questões polêmicas, como a vida.

Um aspecto muito importante é que, ao mesmo tempo que se preocupam em fazer uma narrativa dinâmica e envolvente, os autores levam em conta o fato de que a história também é uma luta de diferentes interpretações. Quando realizei os documentários, entrevistei historiadores e especialistas de diversos matizes ideológicos. Ouvimos historiadores das linhas de pensamento crítico--progressista, liberal e conservadora. Do mesmo modo, os autores que convidei para escrever esta série pesquisaram em diversas fontes e distintas interpretações. O que você vai encontrar neste livro é o resultado de um mergulho ético e apaixonado nos acontecimentos que, ao longo dos séculos, moldaram o Brasil de hoje.

Ao contrário do que muitos dizem, o Brasil não é, nem nunca foi, um país pacífico. Essa tentativa de construir, pela linguagem, uma percepção de país que se opõe às suas características históricas, ou seja, o mito de que somos todos irmãos, amáveis, tranquilos e vivemos em paz num território abençoado, é uma mentira construída por aqueles que desejam que tudo continue como está, com uma minúscula elite econômica desfrutando todas as riquezas e opulências enquanto a imensa maioria do país vive em condições abaixo da dignidade aceitável, sem acesso à infraestrutura de água, saneamento, saúde, alimentação, transporte, educação, cultura e lazer. Ao contrário da narrativa oficial de que o Brasil é pacífico, os fatos históricos apresentam um país marcado por guerras e conflitos violentos.

Muito antes de os europeus chegarem, os conflitos se desdobravam entre os povos nativos ao longo de nosso território de diferentes modos e por motivos distintos. Os povos tupis, por exemplo, estavam envolvidos em guerras de vingança com um poderoso sentido simbólico e cosmogônico, enquanto outros povos viviam em razoável tranquilidade. O processo colonizador introduziu uma forma de violência homogênea, organizada em constantes brutalidade e controle do Estado sobre a população, sendo marcado por massacres e guerras em sequência até desembocar na realidade atual, em que, todos os anos, morrem aproximadamente 60 mil jovens de "morte matada", em sua maioria negros e "pardos", como definem os boletins policiais.

A maior guerra das Américas em número de mortos foi a chamada Guerra do Paraguai, um conflito deflagrado pelo choque de interesses entre o tirano paraguaio Solano López e o imperador brasileiro Pedro II pelo controle político do Uruguai. Soldados em farrapos lutaram contra indígenas guaranis do lado paraguaio para defender interesses desses dois líderes brancos mimados. O conflito trágico levou à morte mais de 300 mil pessoas, inclusive mulheres e crianças.

Entre as inúmeras consequências dessa guerra, a ascensão da classe militar nos bastidores políticos é uma que marca a história do nosso país até os dias atuais. A partir desse conflito, os militares brasileiros passaram a protagonizar intervenções golpistas na vida política do país com frequência. Tanto a derrubada da monarquia, em 1889 — que colocou a aristocracia agrária no controle do Executivo por quarenta anos —, quanto o golpe de 1930 — que traria modernizações importantes à vida política e econômica do país, deslocando o controle da aristocracia agrária do Executivo para o Legislativo, onde está aninhada até os dias de hoje — foram movimentos protagonizados por militares. Em 1889, marechais; em 1930, tenentes.

Nossa história é a história de uma colonização feita por meio de repressão e controle violento de corpos e comunidades, em que se sobressaem tanto ações diretas dos aparelhos oficiais do Estado quanto a subcontratação de milícias, que vêm agredindo e matando aqueles que a elite socioeconômica deseja eliminar ou disponibilizar para servi-la, desde o período dos bandeirantes, nos séculos XVI e XVII, até as milícias urbanas, como o Escritório do Crime, nos dias atuais. Esta série de livros acaba com a "história pra boi dormir" e proporciona um mergulho nos acontecimentos reais para podermos recuperar nossa memória e entender o que somos, o que desejamos mudar e aonde ir. Boa viagem pela sua história!

Luiz Bolognesi, roteirista e diretor da série *Guerras do Brasil.doc*. Formado em Jornalismo pela PUC-SP, trabalhou na *Folha de S.Paulo* e na Rede Globo.

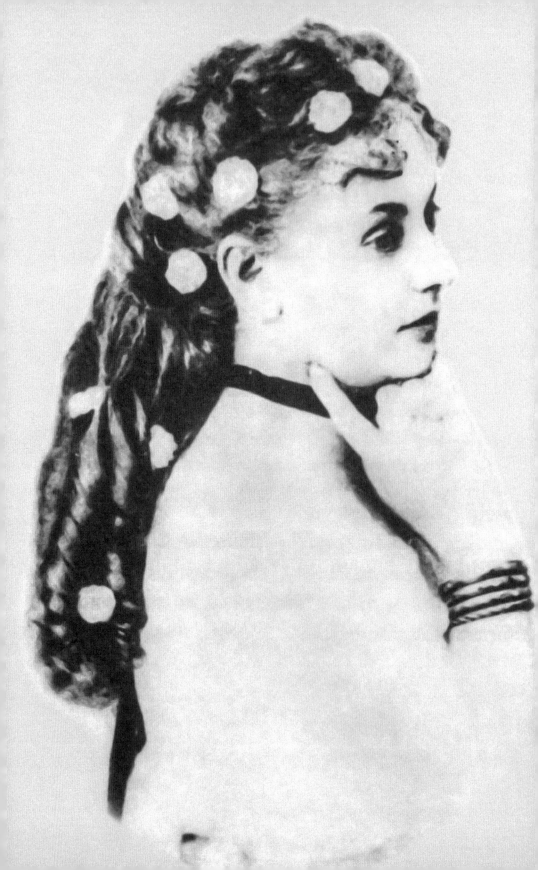

1. "NÃO PUDE SER A MULHER QUE MEUS INIMIGOS PINTARAM": A RAINHA DO PARAGUAI

Uma das coisas que se pode dizer com certeza sobre Elisa Alicia Lynch — a enigmática amante do ex-presidente paraguaio Francisco Solano López e uma das mulheres mais fascinantes de seu tempo — é que ela gostava de cavalgar.

No Paraguai do século XIX, era incomum que mulheres cavalgassem sozinhas. E, quando de fato o faziam, o costume recomendava que a eventual amazona usasse um selim feminino, projetado para que as pernas ficassem juntas, comportadamente voltadas para o mesmo lado da montaria. Elisa, contudo, montava em uma sela comum, com as pernas abertas, uma de cada lado. A visão daquela mulher famosamente exuberante, cujo fascínio e beleza eram celebrados até por seus inimigos, causava escândalo entre as mentes mais sisudas de Assunção. Consta que as senhoras da alta sociedade evitavam cruzar com ela; já as mulheres das classes menos abastadas detinham-se para apreciar o inusitado espetáculo.

A vida de Elisa Lynch foi, toda ela, uma espécie de cavalgada misteriosa e controversa: muitos a viram passar, mas poucos sabiam ao certo de onde ela viera, e sua passagem deixou um rastro de obscuridade e fascínio. Viveu ao lado de López por quinze anos, teve com ele cinco filhos, desfrutou de grande poder e riqueza — mas os documentos paraguaios da época não a citam nenhuma vez. No Paraguai, país que adotou como seu, foi amada por uns e odiada por outros. No Brasil, foi pintada como mulher frívola e inescrupulosa, mas também despertou admiração e talvez paixões. Alguns biógrafos a descrevem como uma prostituta de luxo que, por um lance da fortuna, fisgou um ditador latino-americano e teve um papel lúgubre numa terrível epopeia de sangue. Outros a retratam como uma heroína abnegada que permaneceu ao lado do companheiro até a última trincheira. O certo é que Elisa Lynch, às vezes conhecida apenas como Madame Lynch, la Lynche ou a Irlandesa, foi uma das personagens cruciais no mais devastador conflito ocorrido em terras sul-americanas. De uma forma ou de outra, a Guerra do Paraguai teria sido diferente sem ela.

O ENIGMA DE ELISA

Por muito tempo, biógrafos e historiadores tiveram de lutar contra a névoa que envolve as origens de Elisa Lynch. O mistério se deve, em parte, à escassez de documentos, mas também a declarações contraditórias da própria Elisa, que escondia até mesmo dos filhos os detalhes sobre sua infância e adolescência. O documento mais antigo que se conhece sobre a musa de Solano López é sua certidão de batismo, encontrada apenas em 2011 pelos irlandeses Michael Lillis e Ronan Fanning, autores de *Calúnia: Eli-*

sa Lynch e a Guerra do Paraguai (2009). O documento foi assinado na igreja católica romana de Charleville, no condado de Cork, no sudoeste da Irlanda, em 2 de maio de 1834. Os pais de Elisa eram John Lynch, médico e bacharel em artes, e Jane Elizabeth Lloyd, filha de um capitão da Marinha real. John era católico, e Elizabeth, protestante. Na época, quando havia casamentos mistos, o costume na Irlanda era criar as filhas na religião da mãe, e os filhos, na do pai. O batismo de Elisa na Igreja católica quebrou essa tradição, mas há indícios de que, mais tarde, sua mãe a levou a se converter ao protestantismo.

Elisa Lynch dizia que seu pai morrera quando ela era muito jovem. É possível que John Lynch tenha tombado em uma epidemia de cólera registrada em Charleville na década de 1840 ou durante a Grande Fome — carestia provocada pela crise na colheita de batatas que devastou a Irlanda entre 1845 e 1849. Durante esse período, nada se sabe com certeza sobre a vida de Elisa. Talvez tenha vivido por um período em Boulogne-sur-Mer, na França, onde morava seu tio William Boyle Crooke, comandante da Marinha real inglesa. Vários conhecidos afirmaram, mais tarde, que Elisa Lynch não apenas era fluente em francês como parecia se sentir mais à vontade nessa língua do que em qualquer outra. É de imaginar, portanto, que a tenha aprendido na infância.

Outra evidência documental na biografia de Elisa é a certidão de casamento com data de 3 de julho de 1850. O noivo era Xavier de Quatrefages, cirurgião do Exército francês. Quatrefages tinha, na época, 34 anos, mais que o dobro da idade da esposa, que precisou da permissão da mãe para se casar. Apesar da nacionalidade do noivo, o casamento ocorreu em uma igreja protestante em Folkestone, Kent — algo estranho, pois ambos os noivos eram católicos. Outro detalhe curioso é que, realizada nessas circunstâncias, a união só seria válida sob as leis inglesas. Por que o cirurgião francês teria desposado uma garota irlandesa em um matrimônio que, na França, seria considerado nulo?

De acordo com registros do Exército francês, Xavier de Quatrefages serviu em Calais, perto de Boulogne-sur-Mer, entre 1847 e 1849. Folkestone, onde aconteceu o casamento, fica do outro lado do Canal da Mancha. Pelas fotos da época, Elisa era uma jovem de beleza extraordinária e, sem dúvida, despertava os olhares e a cobiça de homens mais velhos. De acordo com os autores de *Calúnia*, Quatrefages decerto começou a cortejar a adolescente, e a mãe de Elisa, percebendo o interesse, exigiu que se casassem. Nos registros militares franceses, contudo, não há menção a esse matrimônio. Na França, os oficiais do Exército precisavam pedir autorização para se casar e fornecer detalhes sobre a família da noiva e sua situação financeira. E muitas vezes o pedido era negado — especialmente se a noiva fosse estrangeira. Ao casar-se numa igreja protestante, em solo inglês, Quatrefages não apenas se esquivou das restrições do Exército como também se desobrigou de qualquer compromisso conjugal sob as leis francesas. Na França e na Argélia, onde Quatrefages serviu por um tempo, Elisa não poderia sequer se apresentar como sua esposa, tampouco conviver com as mulheres de outros oficiais. Talvez tenha se casado para escapar dos problemas financeiros da família, causados pela morte do pai; ou talvez tenha se deixado encantar pelo militar aparentemente respeitável. Sua vida conjugal, contudo, parece ter sido uma longa série de humilhações e, possivelmente, uma espécie de cativeiro. "Pode-se tentar imaginar como Elisa deve ter começado a perceber o desalento de sua situação: ela não era e nem poderia vir a ser casada com esse homem, que a tornara sua prisioneira em pleno coração da França ou no deserto argelino", escrevem Lillis e Fanning. "O que é mais permanente e comovente para as futuras aventuras de Elisa e para o que viria a ser o maior desastre paraguaio é que ela aprendeu, pela diabólica hipocrisia de Xavier, que jamais poderia confiar totalmente em outro homem."

NA PARIS DO SEGUNDO IMPÉRIO: O ENCONTRO ENTRE ELISA E SOLANO LÓPEZ

Quatrefages deixou Elisa em 1852. Após a separação, a moça irlandesa morou por um tempo em Paris com a mãe. Nesse período, ocorreu o encontro que a faria atravessar o oceano e transformar-se em um capítulo controverso na história da América do Sul.

Em 1853, Francisco Solano López desembarcou na Europa. Tinha 26 anos e era ministro da Guerra e Marinha do Paraguai. Carlos Antonio López, seu pai e presidente do país desde 1844, enviara o filho mais velho à Europa com a missão de estreitar relações com a Inglaterra, a França, a Espanha e a Itália, contratar engenheiros e médicos e comprar armas e equipamentos ferroviários. A viagem integrava o plano de Carlos López para modernizar militarmente o país, que por décadas estivera isolado do restante do mundo.

O Paraguai nasceu do esfacelamento do antigo Vice-Reino do Prata – domínio espanhol criado em 1776 que abrangia também a Argentina, o Uruguai e a Bolívia, estendendo-se até o Pacífico. Após a independência em relação à Espanha, a burguesia mercantil de Buenos Aires tentou criar um único Estado nacional que incorporasse todas as províncias da ex-colônia. Em 1811, contudo, o Paraguai derrotou as forças portenhas enviadas para submetê-lo. No mesmo ano, teve início o regime de José Gaspar Rodríguez de Francia, filho de português, que governou por cerca de trinta anos sob o título de ditador perpétuo. Era conhecido como *el Supremo* — título depois usado também em relação a Solano López. Para se blindar contra a turbulência política do continente, Francia lacrou militarmente as fronteiras e quase eliminou o comércio externo. Mesmo entre os vizinhos sul-americanos, o Paraguai de Francia era visto como uma República hermeticamente fechada, tão impenetrável quanto a China. Um elemento adicional de mistério era que a língua corrente no dia a dia do país era o guarani, idioma nativo de seu principal povo indígena — traço que diferenciava o Paraguai de todas as ex-colônias no continente.

A independência paraguaia só foi proclamada em 1842, e o primeiro país a reconhecê-la foi o Império do Brasil. O processo, contudo, deixou pendências territoriais com os vizinhos. O Paraguai disputava territórios com Buenos Aires na região do Chaco e reivindicava também parte de Mato Grosso, então uma das províncias mais isoladas do Império.

Após a morte de Francia, em 1844, o Congresso paraguaio escolheu como presidente o advogado Carlos Antonio López. Eleito indiretamente, governou com mão de ferro e deu prosseguimento à centralização do Estado paraguaio. Ao mesmo tempo, realizou uma profunda modernização material do país – um processo que envolveu, sobretudo, capital e equipamentos da Inglaterra. O clã dos López queria romper o isolamento paraguaio, transformando o país em uma potência regional. Carlos López contratou engenheiros ingleses e alemães e construiu, entre outras coisas, uma fundição, um estaleiro, um sistema telegráfico e uma das primeiras ferrovias da América do Sul.

Além de dar prosseguimento à tradição autoritária de Francia, os López concentraram em suas mãos uma riqueza enorme, à custa de recursos públicos. Durante o governo de Carlos Antonio, sua família tornou-se a maior proprietária do país, e um dos negócios era o controle do comércio de erva-mate, cuja saborosa infusão — origem do chimarrão e do tererê — era consumida amplamente na Argentina, no Uruguai, em partes do Brasil e de outros países sul-americanos. Todos os familiares de Carlos Antonio enriqueceram imensamente: sua esposa, Doña Juana Carrillo; os filhos Francisco Solano, Venancio e Benigno; e as filhas Inocencia e Rafaela. Graças à proteção do pai, Francisco Solano tornou-se general aos 19 anos e ministro da Guerra aos 23. Mais tarde, subiria ao posto de marechal — ou *mariscal*, em espanhol. Venancio, por sua vez, tornou-se, ainda jovem, coronel e chefe do arsenal em Assunção. Benigno foi nomeado sargento e depois almirante de frota. Tinham uma vida de magnatas, cercados por um luxo que impressionou até mesmo as cortes do Velho Continente.

Quando chegou à Europa, Francisco Solano vinha com uma comitiva de quarenta pessoas e os bolsos cheios de dinheiro. Era um séquito suntuoso, raramente visto em uma viagem diplomática, criando a impressão de que o jovem López representava um país muito próspero. Francisco Solano era um homem baixo, mas altivo, que gostava de fumar, beber e comer em vastas quantidades. Quando bem-humorado, tinha aparência afável, mas seu semblante tornava-se terrível quando enraivecido. Trajava-se com elegância e apreciava o garbo militar. "É grande defensor de sua dignidade, e costuma exigir que até seus irmãos o chamem de *sua excelência*", escreveu George Thompson, soldado profissional britânico que serviu no Exército paraguaio. "Quando quer, sabe ser muito afável e educado, e capaz de se impor até mesmo aos diplomatas, fazendo-os acreditar em qualquer coisa que deseje."

A comitiva de Francisco Solano incluía Benigno López, o segundo filho mais velho da família, que servia como secretário da delegação. Ao que parece, não havia grande amizade entre os irmãos. Benigno havia estudado por dois anos na Escola Naval da Marinha brasileira, no Rio de Janeiro, tinha pendores intelectuais e certa inclinação liberal, o que aparentemente desagradava o temperamento autoritário do primogênito. Há também outro detalhe que talvez explique a relação tensa entre os herdeiros do clã. Em Assunção, comentava-se que havia pouca semelhança física entre Francisco Solano e Carlos López. De acordo com um rumor aceito por alguns historiadores, Solano seria na verdade filho de Lázaro de Rojas y Aranda, um dos homens mais ricos do Paraguai. Rojas era padrasto de Juana Carrillo e, conforme o boato corrente em Assunção, engravidou a própria enteada. Para contornar a situação, teria procurado alguém que a desposasse, em troca de um pagamento. Carlos López teria aceitado esse papel: casou-se com Juana Carrillo e assumiu o filho. Sendo o boato verídico ou não, fato é que Rojas tornou Juana sua herdeira, deixando uma fortuna ao casal — riqueza que teve grande importância na ascensão política dos López. Não obstante, as intrigas secretas da família suprema teriam um desfecho sangrento, como veremos adiante.

A pompa e os bons trajes sempre ajudam a abrir portas, e disso Solano López sabia muito bem. Em 24 de outubro de 1853, a comitiva paraguaia teve uma audiência com a rainha Vitória e o príncipe Albert no Castelo de Windsor, na Inglaterra; mais tarde, seguiram à França. Em fins de dezembro, os paraguaios foram recebidos com entusiasmo pelo imperador Napoleão III, com quem assistiram a um desfile de Ano-Novo em Paris. Segundo o diário escrito por um membro da comitiva, Solano López compareceu, no dia 4 de janeiro, a um baile no Palácio das Tulherias (residência de Napoleão III), do qual voltou apenas à 1h45. Um dia depois, saiu de carruagem para encontrar diplomatas, mas o fez desacompanhado, o que era incomum. Na semana seguinte, voltaria a sair sozinho em diversas ocasiões, permanecendo longe da comitiva por algumas horas de cada vez. Foi nesse período que conheceu Elisa Lynch — talvez no baile nas Tulherias, talvez em outras circunstâncias.

De acordo com o autor paraguaio Arturo Bray, em *Solano López, soldado de la gloria y del infortunio*, foi o capitão Brizuela, ajudante de ordens de Francisco, quem o apresentou a Elisa. O capitão teria dito, certo dia, que acabara de conhecer a mulher mais linda de Paris. Solano teria respondido que a trouxesse naquela mesma noite ao hotel, "e não se importe com quanto possa custar". O capitão, contudo, lhe informou: "a moça exige que Vossa Excelência vá à casa dela".

Bray e outros biógrafos acreditam que Lynch teve uma carreira de sucesso no universo das cortesãs francesas — famosas pelo refinamento e até mesmo pela influência que exercem sobre os clientes em altos escalões políticos. Lillis e Fanning não encontraram evidências definitivas de que Elisa tenha trabalhado como prostituta. A vida das grandes cortesãs daquela época está bem registrada, e não existe menção alguma a Elisa Lynch. A própria Elisa defendeu-se dessa e de outras alegações no único texto autobiográfico que deixou: uma declaração-protesto assinada em 1870, em Buenos Aires, na qual alega que estava separada de Quatrefages havia apenas seis meses quando conheceu López. De acordo com a certidão de batismo, ela teria 19 anos na época. Seis meses é pouco tempo para subir na vida em Paris, seja qual for a área de atuação; se Elisa passou pelo mundo das grandes cortesãs, essa passagem deve ter sido muito breve. "Os que tentaram me apresentar como uma mulher da vida em Paris são desmascarados pela evidência dos fatos aqui expostos, pois eu não teria o tempo materialmente necessário para me entregar à vida licenciosa que tentaram me atribuir", disse Elisa em sua Declaração-Protesto. "Não pude ser a mulher que meus inimigos pintaram".[1]

ELISA CHEGA AO PARAGUAI

Seja como for, no verão de 1854, Elisa Lynch estava morando no quartel-general da legação paraguaia em Paris. Nessa época, já estava grávida do primeiro filho que teria com Solano López: o menino chamou-se também Francisco, mas ficou conhecido pelo apelido de Panchito. Elisa parece ter vivido momentos felizes naquele verão — durante o qual, segundo seus próprios relatos, fez várias viagens pela Europa com Solano. Ganhou joias, conheceu cortes e cercou-se de luxo. O namorado chegou a contratar para ela um cabeleireiro pessoal, Henri Castaing, que a acompanhava aonde fosse. Elisa gostava de variar penteados, hábito que mais tarde difundiria entre as mulheres paraguaias, cujas tendências capilares pendiam ao tradicional.

O namoro foi facilitado pelo idioma, pois Solano era fluente em francês. Ele ensinou a Elisa um pouco de espanhol, mas os dois sempre preferiram se comunicar no idioma de Voltaire. Essa fase idílica do relacionamento, iluminada pelo sol parisiense, teve, contudo, suas sombras. Era preciso lidar com certas pendências do passado de Elisa; o ex-marido, afinal, poderia tentar obter alguma vantagem ao descobrir que a esposa rejeitada agora andava com um dos homens mais ricos da América do Sul. Juntos, Solano e Elisa negociaram um contrato com Quatrefages no qual ele renunciava a quaisquer direitos que pudesse ter, sob a lei inglesa, aos bens presentes e futuros da antiga companheira. É de imaginar que López tenha pagado um valor considerável para livrar-se do cirurgião francês de uma vez por todas. Três anos depois, Quatrefages voltou a se casar, então sob a jurisdição francesa. Ao que parece, ele e Elisa nunca mais se encontraram.

Àquela altura, era evidente que Solano estava apaixonado pela jovem irlandesa, mas ela decerto aprendera a desconfiar das paixões masculinas. Isso talvez explique sua pressa em engravidar. Em *Calúnia*, lemos que já havia métodos contraceptivos na época, mas Elisa talvez não os tenha usado. No retorno de Paris à América do Sul, o casal desembarcou em Buenos Aires, onde Elisa declarou uma fortuna na alfândega — 5 mil libras esterlinas que, segundo ela, eram presente de López. Também convenceu o amante a comprar uma casa para sua mãe e a irmã, que então viviam na dependência dos parentes, e conseguiu um serviço para o irmão em um dos navios que López comprara na Europa.

Na época em que Francisco e Elisa se conheceram, Juana Carrillo, mãe de Francisco, estava envolvida em uma espécie de cruzada moralista para mudar os hábitos do país. Na época, casamentos legítimos eram raros, e as ligações informais abundavam. Apoiada por um grupo de senhoras da elite, a primeira-dama tentou estimular os matrimônios formais, de preferência entre membros da mesma classe social. A notícia de que Francisco Solano andava enrabichado com uma jovem europeia deve tê-la irritado sobremaneira. Benigno, que voltara ao Paraguai antes de Francisco, espalhou de antemão o rumor de que a amante do irmão era uma "mulher de má reputação".

No entanto, assim que Elisa desembarcou em Assunção, ficou nítido que ela seria uma adversária à altura dos mais rancorosos inimigos. De acordo com um relato da época, o povo que circulava pelo cais ficou abismado com sua figura radiante e com seu vestido suntuoso. Nos meses seguintes, distinguiu-se também por outros dotes, além dos físicos. Na época, a maioria dos meninos paraguaios aprendia a ler e escrever em espanhol, mas as mulheres eram quase todas analfabetas, mesmo entre as classes abastadas — isso porque a educação formal regular, estabelecida por Francia, era apenas para homens. Assunção tinha somente 20 mil habitantes e deve ter parecido uma aldeia grande aos olhos de Elisa, que, para espanto de todos, às vezes passeava pelas ruas da capital vestida à *la parisienne*. Ao que parece, Madame Lynch era a mulher mais culta e instruída em todo o país naquele período, admirada e mesmo reverenciada entre as camadas mais pobres da população feminina, mas alvo da repulsa das senhoras da alta sociedade, lideradas por sua sogra. Juana Carrillo recusava-se a recebê-la em público; Carlos López também a detestava e não permitia que participasse de nenhuma reunião em que ele estivesse presente.

Elisa, contudo, não se deixou abalar pelo rótulo de concubina que a sociedade paraguaia lhe pregara. Aproveitando ao máximo as oportunidades, tornou-se uma mulher de negócios. Dois dias após sua chegada ao Paraguai, depositou no Tesouro Nacional suas 5 mil libras esterlinas e investiu parte do dinheiro a uma taxa de juros de 12% a 15%. Mais tarde, faria também investimentos em terrenos, imóveis e na próspera indústria de erva-mate. Embora provavelmente sentisse antipatia pelos parentes do marido, que a maltratavam a olhos vistos, imitou-os em ao menos um sentido: usou a proximidade ao poder político para enriquecer. Nos anos seguintes, também fortaleceu sua ligação com Solano, dando-lhe um filho após o outro, ao mesmo tempo que sua presença brilhante a tornava uma espécie de trunfo diplomático para o amante.

O governo paraguaio não tinha estrutura para oferecer grandes recepções a visitantes, e Elisa usou seu *savoir-faire* parisiense para suprir essa lacuna, oferecendo elogiados banquetes a autoridades internacionais. Coordenou a decoração da casa de Solano em Assunção, fazendo-o encomendar artigos de luxo fabricados na Europa, como facas revestidas, aparelhos de jantar, bandejas de prata e lajes de mármore para pavimentos. A casa onde a própria Elisa morava, na *calle* Fábrica de Balas, era toda forrada em cetim verde e contava com um teatro particular nos fundos, cujo projeto era supostamente inspirado no La Scala, de Milão. Mais tarde, mandou erguer um luxuoso palácio de verão em Patiño-Cué, ao sopé da montanha de Itauguá, a cerca de cinquenta quilômetros da capital e a ela ligado pela ferrovia que os López mandaram construir.

O exemplo de Elisa foi gradualmente alterando os costumes da capital. Introduziu o uso de cosméticos e diversas variedades de roupas — embora as mulheres da elite a rejeitassem, muitas passaram a andar com guarda-sóis leves e chapéus de palha com flores, seguindo o modismo lançado pela irlandesa; as mais pobres, para imitá-la, trocaram suas vestes tradicionais, chamadas *tipoy*, por vestidos de algodão estampado, recorrendo a tecidos mais baratos para imitar a rainha do estilo. Elisa, que gostava muito de champanhe, foi responsável por popularizar a bebida no país, assim como o vinho tokaji e o conhaque; e o piano que mandou vir de Paris foi um dos primeiros a serem usados no Paraguai. Além de conhecer roupas e maquiagens, ela tinha excelente gosto musical e literário, como revelou o então ministro norte-americano Charles Washburn, que representou os Estados Unidos em Assunção por vários anos e a descreveu como "uma senhora de grande cultura erudita, esclarecimento e bom gosto, com quem muitas vezes pude lembrar em conversa os clássicos da língua inglesa e trocar ideias sobre a literatura de nosso tempo".

Entre os admiradores de Elisa, houve também brasileiros famosos. Em 1856, ela foi anfitriã de um grupo de visitantes que incluía José Maria da Silva Paranhos, visconde de Rio Branco e diplomata do Império, que seria o autor da Lei do Ventre Livre em 1871.[2] Paranhos a reencontrou anos mais tarde, logo após a Guerra do Paraguai, quando Elisa se encontrava sob o poder das forças brasileiras em Assunção. O visconde tratou-a com tanta gentileza que, nos meses seguintes, circulou o boato de que estaria apaixonado por ela. Paranhos talvez não tenha sido o único diplomata estrangeiro a se render às graças da musa francófona de Solano López.

A RAINHA DO PARAGUAI

Em agosto de 1862, Carlos Antonio López tombou enfermo e resolveu fazer seu testamento político. Francisco Solano, nesse momento, encontrava-se em Humaitá, a maior fortaleza do país, às margens do rio Paraguai, ao sul de Assunção. Ao receber notícias sobre a saúde do pai, Solano acorreu à capital. Chegando lá, descobriu que Carlos Antonio havia designado Benigno como vice-presidente — cargo que, até então, não existia. A escolha significava que o poder absoluto, tão almejado por Francisco, talvez acabasse nas mãos de seu irmão desafeto. Solano, todavia, conseguiu convencer o pai a alterar seu testamento, tirando de Benigno a vice-presidência. Momentos antes de seu suspiro final, em 10 de setembro de 1862, Carlos deu um conselho a Solano: "O Paraguai tem muitas questões pendentes, mas não tente resolvê-las pela espada, e sim pela caneta, principalmente com o Brasil". O velho ditador não gostava nem dos argentinos nem dos brasileiros, chamando aqueles de anarquistas e estes de "macacos" — costume esse que Francisco também adquiriu. Era, contudo, um governante sensato, que conhecia os limites de seu poder. Mas a prudência nem sempre é hereditária, e Francisco não tardaria a descumprir de forma épica e desastrosa o derradeiro conselho do pai.

Em 16 de outubro, o Congresso paraguaio se reuniu para eleger o novo presidente. Só havia um candidato: o próprio Francisco Solano. A eleição foi indireta, e é possível que, se pudessem votar, os paraguaios elegessem o chanceler José Berges, que alguns historiadores consideram ter sido o homem mais bem preparado para governar o país naquele momento. Antes que a eleição terminasse, um grupo de congressistas questionou a candidatura única, alegando que, numa República, o poder não deveria passar de pai para filho. Mais tarde, esses dissidentes foram acusados de traição e aprisionados; entre eles, estava o padre Fidel Maíz, que fora instrutor de López na juventude. O juiz que o condenou foi outro padre, um interiorano chamado Manuel Antonio Palacios, que depois se tornaria bispo de Assunção e serviria, por anos, como um dos conselheiros mais próximos de López. A inimizade entre os dois religiosos chegaria ao ápice durante a guerra contra o Brasil, como veremos adiante. Quanto a Benigno López, foi acusado de inspirar os traidores com suas ideias liberais e, por isso, enviado ao exílio em uma fazenda no interior do país.

Elisa Lynch estava comendo queijo stilton e bebendo vinho tokaji com seu amigo escocês William Whytehead, engenheiro-chefe do Exército paraguaio, quando recebeu a notícia de que Francisco Solano López fora confirmado como novo presidente. Para comemorar a vitória, ela organizou a maior festa jamais vista no Paraguai até então. Foi um esplêndido baile de máscaras, realizado três semanas após a eleição no Congresso. Elisa indicou as fantasias que cada convidado deveria usar, com referências à mitologia e à literatura, e reservou a si mesma um magnífico vestido no estilo da rainha Elizabeth da Inglaterra. Já Francisco Solano fantasiou-se de doge de Veneza. Ao contrário de outras celebrações, em que Elisa tinha de se manter à parte, para não ofender a mãe e as irmãs do amante, naquela noite ela se apresentou de forma triunfal, espalhando admiração e estupor e afirmando sua posição como consorte do grande líder. Era em tudo, exceto no título, a Rainha do Paraguai.

Francisco Solano López, contudo, jamais se casou com Elisa Alicia Lynch. Na verdade, chegaram a circular boatos de que pretendia desposar outra mulher: a princesa Isabel, filha de dom Pedro II. Segundo o historiador paraguaio Efraím Cardozo, López planejava realizar uma união dinástica com o Brasil para anular qualquer possível ameaça da Argentina, vista como inimiga potencial da independência paraguaia. Os autores de *Calúnia* especulam que dom Pedro II talvez tenha encarado aquela proposta como uma insolência — o que, segundo eles, poderia explicar a fúria com que o monarca brasileiro, até então conhecido como um governante sensível e civilizado, reagiu à invasão do território brasileiro por Solano López em 1864. "O que Elisa pode ter ouvido sobre as aspirações dinásticas de López? Ninguém sabe", escrevem Lillis e Fanning.

> *Ela provavelmente não teria ficado chocada. Mais que a lealdade, poderia esperar a traição dos homens. No entanto, ela teria certamente percebido que não havia maior ameaça a seu status de consorte e rainha não coroada do Paraguai. Essa ameaça evaporou-se quando o conde d'Eu, príncipe da Casa de Órleans, e a princesa ficaram noivos em setembro de 1864 e se casaram em outubro. Em 4 de novembro, López declarou guerra ao Brasil. Outra coincidência?*

NOTAS

1 | Lillis; Fanning, 2009.
2 | A Lei do Ventre Livre, também conhecida como Lei Rio Branco, foi promulgada em 28 de setembro de 1871. Propunha a concessão da alforria às crianças nascidas de mulheres escravizadas a partir dessa data.

2.
"INTELIGENTE, MAS UM POUCO PALRADOR": UM PADRE FRANCÊS NA INVASÃO DO BRASIL

Na metade de 1864, o cônego João Pedro — sujeito culto e um tanto tagarela, apaixonado por livros e idiomas — transformou-se em espião diletante. Não o fez por inspiração romântica, mas por causa de um pressentimento soturno. Sentia que uma guerra estava próxima, e não seria guerra pequena. Sua obsessão passou a ser reunir evidências de que o Paraguai planejava invadir o sul do Brasil.

Desde 1850, João Pedro era pároco de São Borja, na região das Missões, no Rio Grande do Sul. A cidade se estende às margens do rio Uruguai, na fronteira com a província argentina de Corrientes, e se localiza a menos de 150 quilômetros do rio Paraná, que marca o limite entre a Argentina e o Paraguai. Naquela região limítrofe, onde até hoje se fala um português com ressonâncias de espanhol e guarani, o policiamento da fronteira não era rigoroso, e as pessoas cruzavam facilmente o rio, entre os territórios argentino e brasileiro. A partir de setembro de 1864, viajantes da província de Corrientes passaram a trazer informações estranhas sobre o lado paraguaio. Batalhões moviam-se, guarnições eram reforçadas. O cônego se convenceu de que o presidente Solano López planejava cruzar Corrientes com seus soldados e invadir o Brasil meridional, e São Borja era um dos pontos mais fracos na fronteira. João Pedro iniciou uma campanha para alertar as autoridades brasileiras: avisou-lhes que as tropas estavam despreparadas para a invasão e que, quando a guerra viesse, a fronteira do Rio Grande do Sul seria arruinada. Escreveu relatório após relatório, carta após carta, artigo após artigo. Enviou alertas aos redatores dos jornais *Alegrentense* e *Correio do Sul*. Várias vezes, mandou informações diretamente ao comandante da brigada e ao presidente da Província. Mas ninguém lhe deu ouvidos.

Na mitologia grega, Cassandra, princesa troiana, era uma personagem de clarividência trágica, fadada a anunciar o futuro sem que ninguém lhe desse atenção. Desde menina, experimentou visões em que a grande cidade de Troia ardia em chamas. Mas seu talento só serviu para lhe causar angústia. Ela enxergava o futuro, mas não podia fazer nada para mudá-lo. João Pedro foi a Cassandra do Sul. Adivinhou, em parte, o ousado plano que Solano López havia elaborado para sua guerra contra o Império. E, como a troiana mítica, o padre teve o funesto privilégio de ver as próprias profecias se realizarem.

A VIDA E OS ESTUDOS DO CÔNEGO

O cônego João Pedro nasceu Jean Pierre Gay, em Grenoble, na França, em 20 de novembro de 1815. Filho de agricultores, fez seus estudos eclesiásticos na comuna de Gap, nos Altos Alpes, e ordenou-se padre em 1838. Quatro anos depois, obteve licença da

Igreja para cruzar o Atlântico. Desembarcou no Uruguai em 1842, e, a partir daí, seu destino esteve sempre ligado à América do Sul.

Um ano após chegar ao continente, Gay veio para o Brasil. Morou inicialmente no Rio de Janeiro, depois em Santa Catarina, onde serviu como pároco na freguesia de Santa Ana, em Laguna. De volta ao Rio, estudou medicina no Instituto Homeopático do Brasil, que lhe conferiu o direito de trabalhar como homeopata em todo o Império. Em 6 de julho de 1849, foi naturalizado brasileiro e passou a se chamar João Pedro. No mesmo ano, passou em primeiro lugar no concurso para vigário colado na igreja de São Borja. Foi morar no Rio Grande do Sul em 1850.

João Pedro era um sujeito de interesses ecumênicos. Chegando ao novo lar, passou a estudar a história, a geografia, a fauna e a flora da região — além das línguas que ali se encontravam, numa miscelânea de culturas. São Borja foi fundada em 1682 pelos padres jesuítas e integrou os Sete Povos das Missões.[1] Habitada continuamente desde sua fundação, é um dos povoamentos mais antigos do Brasil. O cônego logo se tornou um grande conhecedor da cultura local. Escreveu, por exemplo, *Nouvelle frammaire de la langue guarany et tupy* [Nova gramática da língua guarani e tupi] e *Manuel de conversation en français, portugais et guarany* [Manual de conversação em francês, português e guarani], cujos manuscritos se encontram hoje na Biblioteca Nacional no Rio de Janeiro. Era um autor incansável: produziu mais de duzentos sermões, além de outros tratados sobre assuntos como filosofia, teologia e história. Em 1862, publicou *História da República jesuítica do Paraguai*, livro em que criticava duramente Carlos Alberto López, pai de Solano, por haver desapropriado, em 1848, os rebanhos dos dez povos indígenas das Missões paraguaias. A publicação dessa obra lhe granjeou o ódio de Solano López, mas também lhe rendeu reputação como historiador no Brasil, onde se tornou membro do Instituto Histórico e Geográfico. Dotado de evidente sensibilidade artística, o cônego também coletou na vila e nas aldeias vizinhas uma quantidade considerável de objetos de arte jesuítica, entre os quais imagens de santos de madeira pintada, missais antigos e pias batismais da época das Missões, tudo reunido em sua igreja em São Borja.

Além disso, abriu um laboratório homeopático, onde atendia gratuitamente os gaúchos pobres e às vezes lhes dava remédios. Como era costume na época entre os párocos em regiões remotas, João Pedro teve mulher e formou família. Em São Borja, vivia com uma paraguaia, com quem teve oito filhos. Sua vida social na cidade também incluía o convívio com bons amigos, entre os quais seu conterrâneo Aimé Bompland, botânico que participara da célebre expedição americana de Alexander von Humboldt[2] e depois se tornara proprietário de uma farmácia no interior gaúcho. Ao longo da década de 1850, os dois imigrados franceses fizeram amizade com um militar muito culto, estacionado em São Borja, embora natural de outra parte do Rio Grande do Sul: o então coronel e futuro general Manuel Luís Osório. Assim como Osório, o padre João Pedro era ligado ao Partido Liberal e, mais para o fim da vida, uniu-se ao movimento abolicionista.

Entre as tantas obras escritas pelo padre João Pedro Gay, encontra-se aquela que mais nos interessa agora: a *Invasão paraguaia*, publicada em 1867, quando o grande conflito sul-americano ainda ia pela metade. Nessa obra, João Pedro relata em primeira mão o que aconteceu na fronteira meridional do Brasil, nos fatídicos meses em que a guerra deixou de ser uma intuição funesta para se transformar em mortífera realidade.

O XADREZ DO PRATA

Enquanto o padre Gay falava e falava, e escrevia e escrevia, tentando convencer as autoridades de suas teorias proféticas, as engrenagens da História se moviam, e as asas da morte lentamente se abriam sobre aqueles confins das Américas.

Como Carlos López dissera ao filho Solano, minutos antes de seu suspiro final, o Paraguai tinha de fato muitas pendências a resolver, e uma delas era a falta de uma saída para o mar. Por isso, desde o momento em que subiu ao poder, Solano López decidiu aumentar sua influência sobre o Uruguai, cujo porto de Montevidéu podia lhe proporcionar o tão necessário acesso ao oceano. O problema é que, durante décadas, os pampas uruguaios serviram de tabuleiro ao xadrez político do Brasil e da Argentina, que já várias vezes haviam invadido o Estado Oriental (como o pequeno país também é conhecido). Na intenção de inverter o jogo, López aproximou-se do presidente uruguaio Bernardo Berro, do Partido Blanco, contrário tanto à influência argentina quanto à brasileira. Berro tomou diversas medidas comerciais que prejudicaram os dois vizinhos e favoreceram o Paraguai. Brasil e Argentina, por sua vez, passaram a apoiar o Partido Colorado, inimigo dos blancos. Em 1863, o caudilho uruguaio Venancio Flores, figura máxima do Partido Colorado, iniciou uma insurgência contra o governo, com apoio secreto do presidente argentino Bartolomé Mitre. Na tentativa de conter a oposição, Berro foi afastado do cargo e sucedido pelo presidente do Senado, também blanco, Atanasio Aguirre, que pediu ajuda a Solano López contra as intervenções argentina e brasileira. Em abril de 1864, o Império acusou o governo blanco de permitir ataques a súditos brasileiros em seu território e exigiu que os responsáveis fossem punidos. Aguirre respondeu que os brasileiros atacados no Uruguai estavam, na verdade, participando da revolta contra o governo do país. O Império lançou um ultimato e se preparou para intervir. Em 30 de agosto de 1864, foi a vez de Solano López lançar um ultimato, afirmando que qualquer ação direta do Império no território uruguaio teria consequências graves.

O Brasil não o levou a sério. Tanto no Rio de Janeiro quanto em Buenos Aires, ninguém acreditava que o Paraguai estivesse mesmo disposto a romper com o Império. Enquanto o padre João Pedro esperneava, tentando avisar meio mundo sobre o risco iminente, os agentes diplomáticos brasileiros em Assunção pareciam cegos. Em setembro de 1864, Solano López fez uma série de discursos furiosos contra a política brasileira durante manifestações de rua organizadas pela polícia, às quais a população era obrigada a comparecer. Era um sinal claro de que pretendia cumprir seu ultimato. E não havia ninguém no país que pudesse se opor a ele, já que seus opositores estavam trancafiados nas prisões de Assunção. Os diplomatas brasileiros foram igualmente incapazes de avaliar a capacidade militar do *Supremo*. Em setembro de 1864, Viana Lima, representante brasileiro na capital paraguaia, comunicou que o Exército guarani possuía 30 mil homens e que a Marinha contava com onze vapores. Mas enfatizou que os navios não eram de guerra e que 14 mil soldados eram recrutas inexperientes. Não lhe ocorreu observar que os 16 mil soldados restantes — bem preparados e treinados — equivaliam, em número, ao Exército imperial brasileiro, que na época estava em desordem. Naquele período, López contava com soldados profissionais estrangeiros, assim como oficiais paraguaios que haviam estudado na Europa. Além disso, havia os próprios soldados guaranis, cuja ferocidade e valentia surpreenderiam os brasileiros e despertariam admiração mesmo entre os mais ferrenhos inimigos de Solano López.

Em 12 de outubro de 1864, uma brigada sob o comando do general brasileiro José Mena Barreto entrou no território uruguaio e, dois dias depois, ocupou a vila de Melo, a cerca de 50 quilômetros do Brasil, entregando-a em seguida às forças de Venancio Flores. A notícia chegou a Assunção duas semanas depois. A verdade é que o Império planejava uma intervenção rápida no Estado Oriental, mas López convenceu-se de que o Brasil pretendia anexar o país. Isso comprometeria seus planos para o porto de Montevidéu. Além disso, o Paraguai e o Brasil tinham questões a resolver em Mato Grosso, região produtora de erva-mate, mercado no qual os López tinham grande interesse.

Quando Mena Barreto pisou no Uruguai, acendeu-se um rastilho de pólvora que logo se espalhou pelo mapa da América do Sul — envolvendo em suas labaredas o cônego João Pedro Gay e seus vizinhos de povoado, assim como centenas de milhares de pessoas de um lado a outro do continente.

O MARQUÊS DE OLINDA

O próximo capítulo desse drama desenrolou-se nas vizinhanças de Assunção, a cerca de 500 quilômetros de São Borja.

Na madrugada de 11 de novembro de 1864, o navio *Marquês de Olinda*, de 200 toneladas, com dois mastros à vela e uma chaminé, movido por rodas a vapor, rasgou as águas escuras do rio Paraguai entrando na capital de Solano López. A embarcação pertencia à empresa brasileira Companhia de Navegação por Vapor do Alto Paraguai, subsidiada pelo governo imperial, e mantinha um percurso regular entre Montevidéu e Cuiabá. Em seu interior, viajava o coronel Frederico Carneiro Campos. Baiano, nascido em 1803, tinha sido recém-apontado como governador (na época, dizia-se *presidente*) de Mato Grosso. Contudo, estava fadado a jamais assumir seu posto. Algumas horas após deixar Assunção, o *Marquês de Olinda* foi velozmente alcançado pela canhoneira paraguaia *Tucuraí*. Sob a mira de seis canhões, a tripulação recebeu ordens de voltar à capital paraguaia; chegando lá, a comitiva brasileira foi levada para o calabouço. A tripulação e os passageiros civis do *Marquês de Olinda* foram libertados e enviados a Buenos Aires, mas sete militares brasileiros foram feitos prisioneiros, e vários deles — inclusive Carneiro Campos — morreriam no cativeiro.

Um dia após a captura do *Marquês de Olinda*, a legação brasileira em Assunção protestou contra o ataque e exigiu explicações. No Brasil, tanto o governo quanto a opinião pública consideraram o aprisionamento do barco como um ato de pirataria, já que o Império não havia declarado guerra ao Paraguai. A chancelaria paraguaia entregou aos diplomatas brasileiros uma nota, datada do dia anterior, rompendo relações com o Império e proibindo a navegação de embarcações brasileiras pelo rio Paraguai.

E isso era só o início.

A INVASÃO DE MATO GROSSO

Quando as notícias sobre o aprisionamento do *Marquês de Olinda* chegaram a São Borja, o medo se instalou na população fronteiriça. Agora, os constantes alertas do padre João Pedro já não pareciam imaginação ou histeria. Um mês depois, o medo virou pânico. No dia 26 de dezembro, uma esquadra fluvial com 4.200 homens, sob o comando do general Vicente Barrios, cunhado de López, atacou o forte brasileiro de Coimbra, em Mato Grosso do Sul. As instruções de Barrios eram ocupar Cuiabá, o que, na prática, amputaria a província do restante do Império — mas a missão não se cumpriu. Em janeiro, uma expedição terrestre de 3.500 homens, liderados pelo general Francisco Isidoro Resquín, invadiu Mato Grosso, entrando por Bela Vista e Ponta Porã. As tropas brasileiras ou fugiram, ou foram facilmente derrotadas. Todas as casas de Corumbá foram saqueadas, e a pilhagem foi dividida entre soldados e oficiais. Até os sinos da catedral foram retirados e levados para Assunção. Houve estupros e execuções sumárias. Centenas de pessoas foram aprisionadas e enviadas à capital paraguaia, onde chegaram famintas e quase nuas.

O plano de Solano López era fazer uma espécie de guerra-relâmpago, atacando o Brasil em dois pontos cruciais: depois de Mato Grosso, seria a vez do Rio Grande do Sul, exatamente como o padre João Pedro previra. Cruzando o território gaúcho, López pretendia socorrer seus aliados no Uruguai.

Contudo, para chegar a São Borja, o Exército guarani teria de cruzar a província argentina de Corrientes. O presidente Mitre — que, como veremos, tinha simpatias pelo Império — negou a travessia, e Solano López interpretou essa atitude como uma declaração de guerra. No dia 15 de abril, uma Sexta-feira Santa, enquanto o povo de Corrientes rezava nas igrejas, a esquadra e o Exército de López tomaram a cidade indefesa e surpreendida.

Em Assunção, o início da guerra provocou cenas de euforia patriótica. Em 18 de março, López oficializou a declaração de guerra contra o Brasil e incluiu a Argentina no rol dos inimigos da nação; no mesmo dia, o Congresso o promoveu de general a marechal e dobrou seu salário. Ao anoitecer, grande quantidade de pessoas se reuniu em frente à casa de Elisa Lynch, na *calle* Fábrica de Balas. Enquanto uma banda marcial tocava uma polca, a Rainha do Paraguai apareceu na sacada e fez um discurso à multidão extasiada. Condenou o Brasil e a Argentina, garantiu que iria para a frente de batalha cuidar dos feridos e declarou-se, a partir de então, cidadã paraguaia. Em seguida, deu vivas a Solano López e à República do Paraguai, entre aclamações, aplausos e fogos de artifício.

O TRATADO

Enquanto a banda tocava em Assunção, o povo se enfurecia em Buenos Aires.

A agressão paraguaia levou multidões enfurecidas às ruas da capital argentina. Exigiam vingança. A indignação contra Solano López era tão grande que, por um tempo, brasileiros e argentinos esqueceram suas muitas desavenças.[3] Em 1º de maio, o diplomata brasileiro Francisco Octaviano de Almeida Rosa reuniu-se com o chanceler argentino Rufino de Elizalde e o representante uruguaio Carlos Castro para fechar um acordo de cooperação contra o Paraguai. Almeida Rosa, ao contrário de muitos diplomatas e políticos imperiais, simpatizava com os argentinos. Considerava-os um povo arrojado, empreendedor, "os *yankees* do sul". E acreditava que a prosperidade futura de ambos os países, e de todo o continente, dependia do entendimento mútuo. Após a invasão paraguaia, o diplomata brasileiro dispôs-se a aproveitar a ocasião para transformar a tradicional inimizade entre os dois maiores países da América do Sul numa aliança estreita contra o inimigo comum. O acordo firmado pelos três diplomatas permaneceu secreto, estabelecendo não apenas a forma como cooperariam no teatro de guerra mas também as condições para a paz.

O Tratado da Tríplice Aliança estabeleceu que o Império poderia usar o território da República vizinha para atacar o Paraguai; a Argentina, por sua vez, contaria com a vasta força naval brasileira, fator de importância central numa guerra que envolvia três grandes rios: o Paraguai, o Uruguai e o Paraná. Além disso, os cofres imperiais despejariam dinheiro nos bolsos dos aliados: o Brasil faria um empréstimo de 400 mil libras esterlinas à

Argentina, e outro de 200 mil ao Uruguai. Depois disso, os gastos com a guerra seriam financiados por empréstimos realizados pelo Barão de Mauá e por banqueiros ingleses.

Pelos termos do acordo, enquanto as operações ocorressem em território argentino ou paraguaio, o comandante em chefe da Aliança seria o presidente argentino Bartolomé Mitre. Quando as ações se desenrolassem no Brasil ou no Uruguai, o comando passaria a um militar do respectivo país. A Marinha aliada seria chefiada pelo brasileiro almirante Tamandaré, e as forças terrestres brasileiras seriam lideradas pelo amigo do cônego João Pedro, Manuel Luís Osório, que agora era general. Já os uruguaios seriam comandados por Venancio Flores, que, com o apoio brasileiro, ocupara a presidência do país. Segundo o plano de guerra, elaborado por militares dos três países, as forças aliadas se concentrariam em Corrientes, na Argentina, e dali invadiriam o território paraguaio. O objetivo era conquistar a poderosa fortaleza de Humaitá e então marchar sobre Assunção. Os três países aliados se comprometeram a não negociar a paz separadamente e a só depor as armas depois que o líder paraguaio fosse derrubado.

No dia 4 de maio, o presidente Bartolomé Mitre fez um famoso discurso à população: "Caros conterrâneos, eu lhes prometo: em três dias estaremos no campo de batalha. Em três semanas, nas fronteiras. Em três meses, em Assunção". Mitre estava certo em uma coisa: os aliados passariam da fronteira e chegariam a Assunção. Mas isso não levaria três meses. Levaria quatro anos.

CUMPRE-SE A PROFECIA

Após a invasão de Mato Grosso, o Império tentara resolver, às pressas, suas deficiências militares. Na época, o Exército imperial era formado por 18 mil soldados efetivos — pouca gente para um território tão grande. As tropas recebiam uma única refeição por dia, e a remuneração era a mesma de 1825. Em geral, o serviço militar era visto como um castigo, e os soldados, encarados como a escória da nação. Contudo, além do Exército propriamente dito, havia um corpo conhecido como Guarda Nacional, uma espécie de milícia controlada pelas elites regionais. Ao mesmo tempo que desprezavam o Exército comum, as classes abastadas encaravam a participação na Guarda Nacional como um símbolo de *status*. Sua eficiência, no entanto, era muito limitada. Os guardas nacionais eram considerados auxiliares do Exército em caso de guerra, mas não tinham treinamento para combates, e suas ações se pareciam mais com um trabalho de polícia. Às vésperas da guerra, havia cerca de 400 mil guardas nacionais no Brasil, mas a maioria não tinha nenhuma experiência em batalha, e muitos, ao serem convocados, se recusaram a atender.

Para suprir a falta de soldados, o Império criou o Corpo dos Voluntários da Pátria em 7 de janeiro de 1865. Nele, podiam se alistar quaisquer cidadãos entre 18 e 50 anos. Para estimular o voluntariado, o governo ofereceu uma recompensa ao final da guerra, além do soldo regular. Findo o conflito, os soldados teriam direito a terrenos de terras públicas. Prometeram-se promoções aos guerreiros mais bravos; meio soldo aos que ficassem inválidos; e, em caso de morte, uma pensão ao herdeiro indicado. No início da guerra, atraídos por essas promessas, cerca de 10 mil brasileiros se alistaram no Corpo dos Voluntários. O número passaria de 100 mil homens nos anos seguintes.

Apesar dessas providências, a fronteira gaúcha continuava precariamente defendida. Os soldados em São Borja estavam mal armados; alguns só haviam recebido fardamento e barracas. Outros nem uniformes tinham e vestiam as roupas trazidas de casa. Os mais pobres andavam quase nus ou cobertos de farrapos. Se as armas eram poucas, a munição era ainda mais escassa. E as poucas munições distribuídas muitas vezes não correspondiam aos tipos de armas dos soldados.

No início de abril, um homem assustado e faminto cruzou o rio Uruguai numa canoa e entrou a pé em São Borja. Vinha da Argentina, perseguido por tropas paraguaias. Em 8 de maio, chegou à cidade a notícia de que Solano López invadira Corrientes, o que levou muitas famílias a abandonar suas casas e fugir para a campanha — palavra com que ainda hoje se designam os ermos do interior gaúcho. Em 4 de junho, provavelmente com receio da iminente invasão, o padre João Pedro Gay mandou que trouxessem o forasteiro à igreja e o interrogou minuciosamente.

Chamava-se Vicente Ferreira e era natural de Pernambuco. Bandeara-se para a Argentina para escapar do serviço militar — um desertor, portanto. Havia dez anos vivia no departamento argentino de São Tomé, em Corrientes, onde formara uma família. Quando os paraguaios invadiram Corrientes, Vicente mandou os filhos e a mulher para o Brasil, mas ele próprio ficou para trás: escondeu-se nos matos para cuidar das poucas vacas leiteiras que possuía. Mas, um dia, perseguindo vacas fujonas, acabou se deparando com uma tropa paraguaia. Arrancaram-lhe toda a roupa e o colocaram de joelhos: o procedimento prévio de uma degola. Implorou piedade e aceitou conduzi-los a seu ranchinho; chegando lá, quiseram degolá-lo de novo. Foi salvo pela intervenção de um capitão uruguaio que servia nas forças paraguaias. Em vez de matá-lo, os invasores obrigaram Vicente Ferreira a se juntar às forças de Solano López.

O recrutamento forçado era um costume na época. À medida que avançavam, as tropas invasoras iam aprisionando argentinos, brasileiros e uruguaios e obrigando-os a vestir o uniforme vermelho do Paraguai. O pernambucano Vicente foi, até certo ponto, bem tratado: deram-lhe posto de sargento e lhe prometeram uma terrinha e cinquenta vacas de recompensa se servisse com lealdade até o fim da expedição. Entrosou-se com os oficiais paraguaios, o bastante para escutar suas conversas à noite, ao redor do fogo. E o principal tema era o seguinte: a tropa esperava a chegada de 10 mil homens e diversas canoas para atravessarem o rio Uruguai e atacarem São Borja. Pois nessa cidade, diziam os oficiais paraguaios, havia muito dinheiro, muita riqueza e muitas moças bonitas, que pretendiam repartir entre si.

João Pedro aconselhou que o pernambucano corresse a dar suas informações às autoridades militares. Mais uma vez, contudo, a maldição de Cassandra se manifestou. O comandante destacado para liderar a defesa de São Borja era o coronel Antônio Fernandes de Lima. Por algum motivo, não levou a sério as informações que o padre lhe mandava e tampouco pediu reforços ao Exército. Naquele momento, São Borja era defendida por um batalhão de infantaria da Guarda Nacional e um corpo de cavalaria, somando 370 homens. No dia 8 de junho, o 1º Batalhão de Voluntários da Pátria, sob o comando do coronel João Manuel Mena Barreto, acampou a duas léguas de São Borja, às margens do arroio Lajeadinho. Mas, achando que não havia risco de invasão imediata, os voluntários não seguiram até a cidade, cuja defesa permaneceu escassa — nessa época, a maior parte do Exército brasileiro no Rio Grande do Sul se encontrava na vizinhança de Bagé, na fronteira com o Uruguai. Ou seja, os avisos do padre continuaram a ser ignorados mesmo com a guerra iniciada. Já o general Osório, velho amigo de João Pedro, estava em Concórdia, na Argentina, onde a maior tropa do Exército imperial se reunia às demais da Tríplice Aliança.

Enquanto isso, espiões a serviço do Paraguai corriam pela margem brasileira, levando informações aos chefes e preparando a invasão. Na madrugada de 9 de junho, agentes paraguaios atearam fogo em uma casa vazia, usada como depósito de madeira, nos arrabaldes de São Borja. O clarão do fogo podia ser avistado na margem oposta. Era o sinal de que as condições estavam propícias para a travessia do Uruguai.

Na madrugada do dia 10 — conforme anotou mais tarde o cônego João Pedro —, uma grande lua cheia lançava um "magnífico luar" sobre a fronteira gaúcha e as águas do rio. Os paraguaios aproveitaram-se da noite claríssima para enviar, pelas águas enluaradas, uma pequena força de quatrocentos soldados, que se escondeu nos matagais, nas proximidades do Passo de São Borja, onde o restante das tropas planejava desembarcar.

Ao raiar do sol, no dia 10 de junho, os sentinelas no lado brasileiro se depararam com uma visão assustadora. Uma fileira de carretas e soldados se estendia desde o departamento de São Tomé até as margens do Uruguai, numa linha ininterrupta com cerca de 7 quilômetros. Além disso, uma sege, ou carruagem, cercada de oficiais apareceu à distância e parou na margem do rio. Entre os brasileiros, correu o rumor de que Solano López em pessoa estava lá dentro. Na verdade, o carro era ocupado pelo coronel Antonio Estigarribia, comandante da invasão.

Tão logo chegaram às barrancas, os soldados descarregaram as canoas, que vinham nas carretas. Os canhões paraguaios dispararam uma vez: as canoas foram lançadas na água. Os canhões dispararam de novo: em cada barco, subiram vinte homens. Terceiro tiro: as canoas começaram a rasgar as águas. Enquanto os remadores impeliam as embarcações, os outros soldados mantinham-se de pé, armados, prontos para pisar em solo brasileiro.

Eram pouco mais de 7 da manhã quando o major Rodrigues Ramos, que comandava a infantaria da Guarda Nacional junto às barrancas do Uruguai, mandou avisar à guarnição de São Borja que o Rio Grande do Sul estava sob ataque. Naquele momento, junto ao rio, havia apenas cerca de 140 soldados de infantaria. O restante da guarnição estava no acampamento da cavalaria, a cerca de 5 quilômetros. Os clarins ressoaram, transmitindo a ordem de encilhar, e os cavalarianos largaram em direção ao Passo de São Borja. Mas houvera uma enchente alguns dias antes, e parte do terreno ainda estava alagada: com água até o peito, os cavalos não podiam galopar. Enquanto os esquadrões de cavaleiros trotavam a custo pelas restingas inundadas, centenas de paraguaios desembarcavam em solo brasileiro.

Nesse meio-tempo, um mensageiro saiu correndo em direção ao arroio Lajeadinho, a 10 quilômetros de distância, para avisar aos Voluntários da Pátria que a invasão havia começado.

Assim que as canoas paraguaias começaram a rasgar as águas do Uruguai, o major Rodrigues Ramos ordenou que seus homens fizessem fogo. Muitos paraguaios foram abatidos no meio do rio, e as canoas — que eram em torno de vinte — tiveram de voltar. Mas, tão logo se reagruparam no lado argentino, as embarcações se dividiram e partiram em direção a vários pontos de desembarque. O major Ramos também teve de separar suas forças, que já eram poucas. Como as barrancas estavam alagadas pela enchente, e já eram naturalmente cobertas por matagais, os soldados brasileiros não conseguiam se deslocar com rapidez suficiente. Em pouco tempo, mais de quatrocentos inimigos estavam em solo brasileiro. Os guardas nacionais tiveram de bater em retirada e logo se viram flanqueados pelos outros quatrocentos paraguaios, que estavam de tocaia desde a noite anterior. Eram oitocentos invasores contra cerca de 140 brasileiros. Os guardas nacionais só não foram aniquilados porque, às 10h30, a cavalaria apareceu. Após cruzarem os terrenos alagadiços, os esquadrões de lanceiros e clavineiros (ou carabineiros), comandados pelo coronel Tristão de Araújo Nóbrega, conseguiram salvar os soldados a pé, no instante em que vinham correndo para a vila, perseguidos pela tropa inimiga.

Enquanto isso, mais canoas aportavam em diversos pontos do rio Uruguai. Ao todo, quase 5 mil paraguaios desembarcaram no primeiro dia de combate. Reuniram-se a 2 quilômetros do rio, formaram linhas de atiradores em quatro fileiras e marcharam sobre São Borja. Os brasileiros, reagrupados na vila, abriram fogo contra os atacantes. Mas os paraguaios eram disciplinados: quando um soldado tombava, outro vinha imediatamente ocupar seu lugar na fileira. De tempos em tempos, a formação se abria para que os soldados puxassem, à mão, pequenos canhões que disparavam contra a cidade. A fumaça preta das armas já escurecia a manhã. Os habitantes que ainda estavam em São Borja começaram a abandonar a cidade.

O ressoar dos tiros se misturava a um coro irregular de gritos e lamentações. As ruas estavam apinhadas de fugitivos: velhos, mulheres e crianças, em sua maioria descalços, com cabelos desgrenhados, em prantos. Mães carregavam os filhos num braço, as roupas numa trouxa sobre a cabeça. Dirigiam-se confusamente para a direção que consideravam contrária à do inimigo: o leste. Nesse conturbado labirinto, famílias se desfaziam: mães perdiam-se dos filhos, enquanto os canhões ressoavam sobre suas cabeças.

No meio da confusão, apenas um homem não tinha pressa de fugir, o cônego João Pedro Gay. Como já vimos, ele amava seus livros e suas anotações, além de ser um pároco cioso. Enquanto as portas do inferno se abriam, ele demorava-se juntando seus papéis e as coisas da igreja, pois não queria deixar butim aos invasores. Era uma atitude temerária: àquelas alturas, ele fora avisado de que o Exército paraguaio tinha uma lista de brasileiros que deviam ser procurados e aprisionados, e seu nome nela constava. João Pedro despertara a fúria dos inimigos não apenas pelos constantes alertas que enviara às autoridades brasileiras sobre a invasão iminente mas também pelas críticas que escrevera contra os López em *História da República jesuítica do Paraguai*. Vejamos o que ele mesmo escreve em suas memórias:

> *O desejo de cuidar do salvamento das principais alfaias da igreja, dos livros paroquiais e de alguns papéis manuscritos meus de importância, me fez, apesar do perigo, demorar minha retirada. Já choviam balas dentro da vila, já havia rebentado uma bomba ao lado de minha casa, quando já muito depois do meio-dia o Sr. Lacerda, juiz municipal, e o Sr. Marcos de Azambuja, encarregado do fornecimento de tropas de São Borja, penetraram no aposento em que me achava e, me conduzindo ambos por um braço, me obrigaram a montar a cavalo e me retirar, sendo um dos últimos a fazê-lo.*

Para impedir a fuga das famílias, uma coluna de paraguaios destacou-se da força principal e contornou a vila pelo leste. Essa coluna, agora prestes a encurralar os civis que fugiam, era a mesma que desembarcara no Brasil sob o luar e ficara escondida nos matagais às margens do rio.

Os paraguaios aproximavam-se da saída oriental da cidade, quando, de repente, se detiveram. À distância, ressoavam súbitas notas de clarim e vivas a dom Pedro II. A bandeira do Império tremulava nos campos úmidos. Era o 1º Batalhão dos Voluntários da Pátria, que finalmente chegava ao combate.

Os homens comandados por Mena Barreto eram pouco mais de seiscentos. Isso elevava as forças brasileiras a, mais ou menos, 1.100 combatentes. Os paraguaios tinham quase cinco vezes esse número. Além disso, os voluntários vinham exaustos, após marcharem duas léguas, sem comer, carregando a bagagem nas costas. Quase todos eram recrutas que viam o fogo inimigo pela primeira vez. Após o primeiro choque, perderam a formação e quase debandaram. Mas o coronel Mena Barreto sacou o revólver, deu tiros para cima e, aos gritos, os obrigou a voltar à carga.

Foi uma confusão, mas deu certo. Sem saber direito qual o tamanho do reforço e achando que talvez mais brasileiros estivessem a caminho, os invasores começaram a recuar.

Os paraguaios ainda tinham a vantagem numérica, porém é mais fácil defender uma cidade do que tomá-la. Os voluntários e os guardas nacionais se posicionaram dentro das casas e dos prédios, nas curvas das esquinas, atrás dos muros. Enquanto isso, os paraguaios recolheram seus mortos, colocaram-nos dentro das canoas e os levaram para sepultar do outro lado do rio. Então, acamparam no Passo de São Borja e aguardaram que mais tropas viessem do Paraguai. Em breve, o número de invasores ultrapassaria os 10 mil.

A noite caiu. Nos pátios da cidade, soldados brasileiros jogavam armamentos dentro dos poços d'água para que não caíssem nas mãos do inimigo — uma prática comum na época. Pelas estradas embarradas a leste da cidade, o êxodo prosseguia. Cerca de trezentas carroças transportavam os pertences que os moradores conseguiram juntar às pressas. A maioria das pessoas andava a pé, só com as roupas do corpo. Filas de até trinta crianças avançavam em silêncio, guiadas por adultos exaustos. Após um tempo, o padre João Pedro alcançou a fileira de refugiados. Viu um homem que puxava um cavalo; no lombo do animal, quatro pessoas amontoadas. Viu duas mulheres grávidas, a quem o susto apressara o trabalho de parto, dando à luz no meio do campo. E viu duas mulheres guaranis que caminhavam, cada uma com um gatinho no colo, acalentando-os como se fossem seus filhos.

ENQUANTO ISSO: A BATALHA DO RIACHUELO

No dia seguinte, 11 de junho de 1865, não houve combate em São Borja. Os paraguaios engrossavam suas forças e preparavam o próximo movimento. Enquanto isso, a cerca de 500 quilômetros dali, travava-se uma das maiores batalhas navais na história da América do Sul.

O sol da manhã raiava sobre as águas do arroio Riachuelo, afluente do rio Paraná, na província de Corrientes. Junto à margem esquerda, estavam fundeados nove navios da força naval brasileira. Seu objetivo ali era bloquear a passagem de embarcações paraguaias e, assim, ajudar na libertação da província argentina.

Por volta das oito e meia, um dos navios de sentinela içou um sinal de perigo: *inimigo à vista*. Oito navios paraguaios, sob o comando de Pedro Ignacio Meza, avançavam contra a frota brasileira. Assim que o alarme foi dado, os marujos brasileiros começaram a jogar carvão nas fornalhas de seus navios: *Amazonas*, *Jequitinhonha*, *Beberibei*, *Belmonte*, *Parnaíba*, *Mearim*, *Araguaí*, *Iguatemi* e *Ipiranga*. Era o começo da Batalha do Riachuelo.

Na esquadra paraguaia, havia apenas um navio de guerra, o *Tacuarí*. Os outros eram navios mercantes improvisados em embarcações de combate – entre os quais estava o *Marquês de Olinda*, que os paraguaios haviam capturado dos brasileiros no início da guerra. Foi esse, aliás, que disparou o primeiro tiro da batalha.

Apesar da relativa inferioridade, o comandante Meza tinha uma surpresa técnica para os brasileiros: os navios paraguaios rebocavam seis chatas, tipo de embarcação que as tropas da Tríplice Aliança ainda não conheciam, sem remos, nem velas, nem motores. Tinham de ser puxadas por outros barcos até o local de combate, mas, uma vez instaladas, era muito difícil destruí-las. As chatas tinham fundo baixo e ficavam quase ao nível da água. Eram invisíveis de longe, exceto pela boca do canhão. Por isso, só podiam ser destruídas à queima-roupa. Além disso, a infantaria paraguaia havia avançado sorrateiramente, escondendo canhões entre os arbustos das barrancas.

Balas choveram sobre os brasileiros. O *Jequitinhonha* e o *Belmonte* encalharam no leito do arroio, muito avariados. Soldados paraguaios saltaram para dentro do *Parnaíba* e tentaram derrubar a bandeira imperial. Mas a vitória paraguaia foi frustrada pelo navio *Amazonas*, uma fragata com proa pontuda, mais veloz que os outros navios. Usando a proa como aríete, o *Amazonas* avançou sobre os barcos paraguaios, furando seus cascos. Cinco deles afundaram – entre os quais o *Marquês de Olinda*, que ali acabou seus dias.

Ao receber notícias da derrota, Solano López ficou furioso e gritou: "Espero que Meza volte vivo, para que eu possa fuzilar pelas costas esse filho da puta".[4] A punição não se concretizou, pois Meza já estava morto: uma bala de fuzil o derrubara no convés do *Tacuarí*.

Além de auxiliar a libertação de Corrientes, a Batalha do Riachuelo cortou o acesso do Paraguai ao oceano. Agora, Solano López já não poderia comprar armamentos pelo porto de Montevidéu. Em Mato Grosso e no Rio Grande do Sul, no entanto, a situação ainda favorecia os paraguaios.

Um dia após a Batalha do Riachuelo, as forças paraguaias voltaram a avançar contra São Borja. Dessa vez, não encontraram resistência. Os guardas nacionais e os Voluntários da Pátria haviam lutado o suficiente para permitir que a população fugisse. Depois, ante a superioridade do inimigo, abandonaram a cidade. Os soldados paraguaios marcharam pelas ruas vazias e entraram nas casas, quase todas desertas.

O coronel Estigarribia, comandante da força invasora, era um homem de cerca de 40 anos, moreno, taciturno, que quase sempre falava em guarani. Seu segundo em comando era um certo frade franciscano, Santiago Estevão Duarte — o cônego João Pedro Gay o considerava um inimigo pessoal. Sobre o hábito negro, trazia sempre um revólver e uma espada comprida presos no cinto. À mão, levava um cajado. João Pedro o descreveu assim:

> *Grosso de corpo, pouco conversador e mui vivaz, tem a cabeça e a cara mui grandes, a fala mui grossa e mui vagarosa. Dizem que tem muita inteligência e muita astúcia e goza de muito prestígio entre seus patrícios. É homem de toda confiança de López, enviado com o título de Vigário do Exército, e os soldados o veneram e obedecem mais que ao coronel.*

Segundo *Invasão paraguaia*, o belicoso frade pretendia capturar o vigário de São Borja e enviá-lo a Assunção, como um "mimo" ao *Mariscal*. Em busca do padre João Pedro, os soldados entraram na igreja e na casa paroquial; não o encontrando, saquearam ou destruíram seus pertences. A biblioteca de Gay, com mais de mil livros, desapareceu quase inteiramente. Perderam-se também muitos manuscritos e anotações que o padre fizera sobre a língua guarani. Os paraguaios ainda pilharam seu laboratório, mas tiveram o azar de confundir arsênico e mercúrio com polvilho: misturaram aquelas substâncias à comida e muitos morreram envenenados.

Assim como Corumbá, São Borja foi totalmente saqueada. Ao permitir a pilhagem, Estigarribia descumpria as ordens de Solano López, que o instruíra a não entrar nos povoados gaúchos, já que o saque atrasava o avanço do Exército. Três dias depois, a tropa de Estigarribia avançou pela província, costeando o rio Uruguai até Itaqui. López ordenara que Estigarribia acampasse nessa cidade e esperasse pela chegada do Exército paraguaio principal, que seria comandado pelo próprio Solano em uma entrada triunfal pelo Rio Grande do Sul. Mais uma vez, Estigarribia desobedeceu. Inebriado pela vitória em São Borja, resolveu repetir a façanha em Uruguaiana — cidade de 6 mil habitantes, situada em local estratégico, próximo à fronteira com a Argentina e o Uruguai. Ante o avanço de Estigarribia, a população de Uruguaiana apavorou-se e fugiu em confusão. O general gaúcho Davi Canabarro tinha 7 mil soldados nas redondezas, mas, por razões até hoje obscuras, não atacou a força paraguaia que descia sobre a cidade. A posição fronteiriça foi dominada sem um único tiro em 5 de agosto de 1865.

PRIMEIRAS MOVIMENTAÇÕES

Em suas memórias, o cônego João Pedro afirma que os paraguaios deixaram um rastro de destruição entre São Borja e Uruguaiana, pilhando as fazendas dos ricos, incendiando as cabanas dos pobres, roubando gado e enchendo carretas e mais carretas com as riquezas que encontravam. Os soldados brasileiros que caíam em suas mãos eram muitas vezes degolados. "Algumas famílias decentes, para se livrarem da perseguição dos chefes e dos soldados do Exército invasor, tiveram que esconder e ter sempre debaixo de chaves as senhoras e as moças, e assim mesmo tiveram suma dificuldade para escaparem às perseguições destes depravados", vociferou em *Invasão paraguaia*. Segundo Gay, o principal estímulo a atrocidades vinha de seu desafeto, o misterioso frade franciscano, que, por sua vez, em um documento assinado na mesma época, colocou a culpa dos saques e das barbaridades nos próprios brasileiros, que estariam se aproveitando do caos para roubarem uns aos outros.

Seja como for, o fato é que, enquanto os paraguaios avançavam, metade da província do Rio Grande do Sul mergulhou numa anarquia sangrenta. O gado e os cavalos fugiam pelos campos, entre os ranchos desolados, e eram capturados por quem os visse primeiro. A maior parte das famílias na região das Missões ficou totalmente arruinada: sem animais para abater, dependiam das esmolas dos próprios soldados, que lhes davam, por piedade, partes de sua já minguada ração.

Notícias sobre a desordem no Rio Grande do Sul logo chegaram à corte imperial, levando dom Pedro II a tomar uma decisão momentosa: viajar à destroçada província. Em 10 de julho, o imperador embarcou no navio *Santa Maria*, acompanhado de uma grande comitiva. Além de vários militares, integravam-na o conde d'Eu e o duque de Saxe, genros de dom Pedro II. A comitiva imperial desembarcou no porto de Rio Grande em 16 de julho, chegando três dias depois à capital da província, Porto Alegre. Dali, o imperador percorreu várias cidades do interior gaúcho, sendo recebido com vivas e foguetórios.

Enquanto ele cruzava a província por um lado, as forças da Tríplice Aliança convergiam sobre Uruguaiana pelo lado oposto. Em setembro, o presidente uruguaio Venancio Flores entrou no Rio Grande do Sul com uma força mista de quase 6 mil homens brasileiros e uruguaios e iniciou o cerco à cidade ocupada. Em seguida, juntou-se a ele uma tropa brasileira com cerca de 12 mil homens, comandada pelo barão de Porto Alegre. As forças brasileiras incluíam a 1ª Companhia de *zuavos* baianos,[5] composta inteiramente de negros, inclusive os oficiais. Era uma das tropas mais vistosas do Brasil: vestiam largas bombachas vermelhas, polainas que chegavam até a panturrilha, jaqueta azul com bordados amarelos e um fez na cabeça. Em seguida, o próprio Bartolomé Mitre uniu-se ao sítio, navegando pelo rio Uruguai, com mais reforços vindos da Argentina.

A grande reunião dos aliados, contudo, quase terminou em desavença. Chegando a Uruguaiana, Mitre exigiu que o comando das forças brasileiras fosse entregue a ele. Mas o barão de Porto Alegre recusou-se a ceder, pois, segundo o Tratado da Tríplice Aliança, quando as ações militares ocorressem dentro do Império, o comandante em chefe deveria ser brasileiro. Nesse caso, o barão de Porto Alegre tinha razão. Mais tarde, no entanto, sua implicância com o presidente argentino quase teve consequências desastrosas para a Aliança, como veremos nos próximos capítulos.

A briga naquele momento só não foi maior porque, no dia seguinte, dom Pedro II finalmente chegou ao acampamento aliado. Sua presença acalmou os ânimos, pois tanto Venancio Flores quanto Bartolomé Mitre respeitavam-no profundamente. Mitre, que admirava os dotes intelectuais do soberano brasileiro, aceitou deixar o comando ao conde de Porto Alegre e ao ministro da Guerra, que acompanhava o imperador. Dom Pedro II mandou erguer sua tenda no alto de uma coxilha — espécie de colina típica do pampa gaúcho — nas vizinhanças da cidade e dali observou as ações militares, sem comandá-las. Nos dias após sua chegada, foi visto andando a pé e a cavalo pelo acampamento, conversando com os soldados e visitando os hospitais.

Mas por onde andava o cônego João Pedro Gay? Após fugir de São Borja, passara a acompanhar as tropas imperiais e, quando dom Pedro II chegou a Uruguaiana, uniu-se a sua comitiva. O padre e o imperador partilhavam o mesmo afã erudito e eram confrades no Instituto Histórico e Geográfico Brasileiro; logo se deram bem. Mas nem todos os membros da comitiva simpatizaram com o cônego — que, agora cercado de altas autoridades, continuava falando sem parar sobre os avisos que enviara a meio mundo antes da invasão paraguaia. Em suas memórias sobre a guerra, o conde d'Eu, que também era francês, assim se refere a seu conterrâneo:

> *É homem inteligente; mas devo dizer que me parece um pouco palrador. Sabe igualmente bem o português e o espanhol e envia artigos empolados tanto aos jornais da Província do Rio Grande do Sul como aos do Estado Oriental e das Províncias Argentinas. Parece que a ocupação de São Borja foi o mais belo dia de sua vida. A quem o ouve, parece que só ele tinha, de há muito, adivinhado o plano dos paraguaios e avisado, mas inutilmente, as autoridades.*[6]

A chegada do imperador dissolveu as desavenças entre os líderes militares, mas não solucionou os maiores problemas enfrentados pela tropa brasileira: o frio e a fome. O inverno sulino caíra com rigor sobre os pampas. Chuvas geladas encharcavam os campos, e a maioria dos soldados ainda não recebera fardamentos. Para se protegerem dos ventos gélidos, cobriam-se de pedaços de couro cru, com um furo no meio, à maneira de ponchos. Os arredores do acampamento estavam sulcados de cadáveres de cavalos que haviam sucumbido ao frio e ao excesso de trabalho. Além disso, já escasseavam a farinha, a carne e a erva-mate — o que fazia sofrer sobretudo os soldados gaúchos, acostumados a beber diariamente o chimarrão amargo e quente.

A situação dos paraguaios, porém, era ainda mais grave. Ao ocuparem a vila, haviam consumido rapidamente todos os víveres, talvez achando que não fossem ficar ali muito tempo. Mas a aproximação das forças aliadas obrigou-os a permanecer mais do que planejavam. Quando os mantimentos acabaram, tiveram de comer cavalos, gatos, cachorros, ratos e até insetos. Os restos de animais abatidos ficavam amontoados nos quintais, nas ruas e nas casas, espalhando um miasma pestilento por toda a cidade. Além de esfomeados, os homens de Solano López começaram a sofrer de infecções terríveis e, segundo a descrição do padre João Pedro, já pareciam "mais cadáveres que homens vivos".

No dia 18 de setembro, as tropas aliadas se posicionaram para atacar: 20 mil soldados contra cerca de 5 mil paraguaios que ainda sobreviviam dentro da cidade. Ao meio-dia, o conde de Porto Alegre enviou aos inimigos uma carta de intimação. Dirigindo-se a Estigarribia como "Vossa Senhoria" — tratamento presente em todas as trocas de mensagens entre paraguaios e aliados durante a guerra —, dava aos ocupantes duas horas para se renderem, prometendo misericórdia: "Qualquer que seja, pois, a sua resolução, deve Vossa Senhoria esperar de nossa generosidade o tratamento consentâneo com as regras admitidas pelas nações civilizadas. Deus guarde Vossa Senhoria".

Ao receberem a mensagem, os paraguaios se dividiram: Estigarribia opinava pela rendição, enquanto o frade Duarte defendia uma resistência desesperada. Mas a tropa acabou resolvendo por seus chefes. Embora faltasse comida, aparentemente ainda havia bebidas alcoólicas na cidade: uma testemunha ocular, o coronel uruguaio Padura, mais tarde afirmou que os soldados paraguaios estavam todos bêbados à hora do ultimato. Enquanto os comandantes discutiam, os soldados começaram a sair das fortificações e correr na direção dos inimigos; chegando lá, muitos simplesmente saltavam para a garupa dos cavaleiros gaúchos, buscando proteção. Os paraguaios que fugiram do próprio Exército em Uruguaiana eram, em sua maioria, *mitaí* e *mitá* — palavras da língua guarani para "meninos" e "adolescentes". O recrutamento de soldados muito jovens — havia cadetes de 12 anos — ocorria no Paraguai pelo menos desde o início da guerra, embora tenha se intensificado na fase posterior do conflito.

Os meninos fugitivos foram bem recebidos no acampamento brasileiro: famintos e enregelados, sentaram-se à beira das fogueiras, encheram a boca com toda a comida que lhes foi oferecida e chegaram a conversar animadamente com os ex-inimigos sobre os eventos do cerco. Essas cenas de humana camaradagem entre adversários — que parecem ainda mais pungentes se recordarmos que as tropas brasileiras sofriam com a escassez de alimento — seriam contrastadas, mais tarde, com a selvageria que caracterizou a fase final da guerra.

No fim das contas, Estigarribia acabou aceitando a rendição, sob as seguintes condições: os prisioneiros seriam tratados com humanidade e não deviam ser enviados de volta ao Paraguai; os oficiais sairiam de Uruguaiana com suas armas e, dali por diante, sem poder voltar a se integrar ao Exército paraguaio, seriam sustentados pelos governos aliados. Por duas horas, mais de 5 mil prisioneiros desfilaram diante de dom Pedro II, que mandou celebrar um *Te Deum* em ação de graças pela vitória. O imperador ordenou que os prisioneiros fossem bem tratados — e eles foram. Muitos dos paraguaios acabaram indo viver no Rio de Janeiro, outros foram para a Argentina ou o Uruguai, e alguns chegaram a se unir às tropas da Tríplice Aliança.

Logo após a rendição, o coronel Estigarribia entregou sua espada ao ministro da Guerra e foi levado à presença do imperador, que o tratou com brandura. Em seguida, os oficiais trouxeram o famigerado frade Duarte. Aterrorizado ao se ver entre soldados brasileiros, o franciscano suplicou com voz trêmula: *"Protección para mí y libertad para mi patria"*. O imperador prometeu-lhe ambas as coisas, mas, nesse instante, o padre João Pedro se adiantou com um chicote, cobrindo o desafeto de injúrias. Foi preciso que os soldados o contivessem para que não se entregasse ainda mais ao pecado da ira.

Apesar da cena de descontrole, o padre continuou nas graças do imperador, que o convidou a acompanhá-lo em uma viagem a São Borja. Seguiram até lá de barco pelo rio Uruguai. A vila ainda estava quase deserta e parcialmente destruída. O imperador e o padre passearam a pé entre as ruínas e jantaram em uma das únicas casas que continuavam habitáveis. Antes de partir, dom Pedro II entregou a João Pedro 400 réis para serem distribuídos entre os pobres da freguesia. Somente após a visita do imperador, as famílias de São Borja e das outras vilas saqueadas começaram a voltar para casa.

Com o Rio Grande do Sul pacificado, dom Pedro II voltou ao Rio de Janeiro, a bordo do vapor *Onze de Junho*. Enquanto isso, a história da calamidade paraguaia se espalhava pela América do Sul. Solano López estava na fortaleza de Humaitá quando recebeu a notícia. Teve acessos de raiva, pôs a culpa nos mensageiros, esbravejou contra seus oficiais, ameaçou-os de morte e, por fim, chorou. Em dezembro, Elisa Lynch reuniu-se com ele, e um mês depois ambos se transferiram ao vilarejo de Paso de la Patria, junto ao rio Paraná. A essa altura, Solano e Elisa sabiam que o jogo se invertera e que o Paraguai seria invadido. Mais cedo ou mais tarde, as bandeiras do Império estariam tremulando ali, naquelas barrancas, do outro lado do grande rio.

NOTAS

1 | Sete Povos das Missões é o nome dado ao conjunto de sete aldeamentos indígenas fundados pelos jesuítas espanhóis na região do "Rio Grande de São Pedro", atual Rio Grande do Sul, formado pelas reduções de São Francisco de Borja, São Nicolau, São Miguel Arcanjo, São Lourenço Mártir, São João Batista, São Luiz Gonzaga e Santo Ângelo Custódio.
2 | Alexander von Humboldt foi um geógrafo, naturalista e explorador alemão que, entre as muitas de suas viagens de exploração para estudar a flora, realizou uma expedição pela América Latina no início do século XIX (1800–02).
3 | Tais desavenças eram motivadas, em geral, por disputas territoriais e políticas na região da bacia do rio da Prata, que incluía o sul do Brasil, a Argentina e o Uruguai. Foi o caso da Guerra da Cisplatina (1825–28) — quando a recém-independente Argentina disputou com o Império do Brasil, então sob dom Pedro I, a posse do atual território do Uruguai — e, mais recentemente, da Guerra do Prata (1851–52) — luta contra o ditador argentino Rosas já no governo de dom Pedro II, que temia o desejo expansionista de Rosas sobre regiões de fronteira.
4 | Doratioto, 2002.
5 | Companhia formada por negros livres e escravizados a partir da convocação dos Voluntários da Pátria para a Guerra do Paraguai. Seus membros eram todos negros, incluindo os oficiais. Usavam um uniforme diferente, inspirado nos batalhões da Argélia, de onde vinha o nome "zuavo". Tais batalhões eram conhecidos pela bravura, o que também pode ser atribuído aos brasileiros, que, mesmo advindos de diferentes partes no Nordeste, receberam o nome de "zuavos baianos".
6 | Gay, 1980.

3.
"O NOSSO CAMINHO ESTÁ ALI EM FRENTE": UM BAIANO NA INVASÃO DO PARAGUAI

O baiano de 17 anos estava encarangado de frio. Lá fora, o amanhecer glacial se estendia sobre os pampas meridionais. A geada cobria os campos, tão espessa e branca que parecia açúcar polvilhado. Os invernos naquela região do continente costumavam ser frios, mas 1865 foi um ano especialmente rigoroso. À noite, as temperaturas ficavam tão baixas que a água congelava nos baldes. Para lavar o rosto, os soldados precisavam descer até o arroio mais próximo.

Enquanto o vento cortante dos pampas balançava os panos da barraca, o jovem baiano fazia o que podia para se aquecer. Deitava-se totalmente vestido e, na falta de cobertas, tapava-se com as peças de arreamento. Seu colchão era uma carona — a manta de lã que, no Uruguai e no Rio Grande do Sul, se coloca diretamente sobre o lombo do cavalo ao encilhá-lo. O travesseiro era um lombilho — peça de couro parecida com uma sela, que se prende sobre a carona com uma tira comprida de couro. E as cobertas eram pelegos de carneiro, que se colocam no topo dos arreios para amaciar o assento do cavaleiro.

Mesmo enrolado em todas essas peças de indumentária equina, o rapaz nordestino não conseguia derrotar o terrível inverno pampiano. Tiritava de frio.

As baixas temperaturas e a ventania congelante ainda o acompanhariam por meses, à medida que seu regimento marchava do Uruguai para a Argentina, e da Argentina ao Paraguai. No caminho, o rapaz aprendeu que aquele vento cortante, que soprava do sudoeste e dava um jeito de penetrar nas mínimas frestas das roupas, era chamado pelos gaúchos rio-grandenses de "minuano", em memória à nação indígena que habitava a fronteira do Brasil com o Uruguai. Os rio-grandenses estavam acostumados aos rigores do inverno e achavam graça ao ver seus companheiros nordestinos tremendo pelo acampamento. Às vezes, quando as lufadas glaciais passavam gemendo entre as barracas, algum soldado sulino entoava, por brincadeira, estes versinhos meteorologicamente debochados: "Mandai, mãe de Deus, mais uns dias de minuano/ para acabar com tudo que é baiano".

UM POUCO SOBRE DIONÍSIO CERQUEIRA

O rapaz nordestino se chamava Dionísio Evangelista de Castro Cerqueira. Nasceu na vila de Curralinho, na Bahia, em 1847, no seio de uma família influente. Seu pai, Antônio Cerqueira Pinto, era médico e professor na Faculdade de Medicina da Bahia e participou no combate à epidemia de cólera que assolou a província em 1855. Por ambos os lados da família, Dionísio descendia de veteranos das lutas de independência. Castro Alves, o poeta autor de "O navio negreiro", era seu primo em terceiro grau. O talento literário devia correr no sangue, pois, na maturidade, Dionísio haveria de se tornar um escritor de prosa evocativa e envolvente. Seu livro *Reminiscências da Campanha do Paraguai*, que só concluiria em 1910, é um dos relatos mais minuciosos e bem escritos sobre o conflito com Solano López. Grande parte das histórias contadas neste capítulo, e em alguns dos capítulos seguintes, foi extraída diretamente das memórias de Dionísio. Ao ler as páginas que se seguem, vale lembrar que o baiano era uma parte interessada no relato, e, como em todos os testemunhos humanos, é inevitável que sua reminiscência exclua alguns fatos e exacerbe outros. Ainda assim, sua narrativa, detalhista e dramática, é uma fonte fascinante sobre a experiência de um soldado comum no maior conflito armado da América do Sul.

Dionísio começou seus estudos em Salvador, onde cursou humanidades no Colégio 2 de Julho, e depois seguiu para a capital do Império, ingressando no curso de engenharia da Escola Central. Estava no segundo ano quando a guerra foi declarada. Seguindo a tradição bélica da família, alistou-se assim que pôde, sentando praça em 2 de janeiro de 1865 — cinco dias antes do decreto que criou os Voluntários da Pátria. Após jurar lealdade à bandeira imperial na Praia Vermelha, recebeu a titulação de cadete. Em fevereiro, embarcou no vapor *Imperatriz* rumo a Montevidéu e juntou-se às forças brasileiras estacionadas no Uruguai, então comandadas por Mena Barreto — depois, passariam ao comando do legendário Manuel Luís Osório. Em julho, o regimento de Dionísio cruzou o rio Uruguai e marchou em direção a Concórdia, na Argentina, para a grande concentração das forças aliadas.

Dionísio foi um dos 139 mil homens que o Brasil levou à guerra durante os seis anos do conflito — cerca de 1,5% da população do país. Desses, cerca de 20 mil integravam o Exército profissional e a Marinha. Os restantes eram Voluntários da Pátria e da Guarda Nacional. Para esses dois corpos, o Rio Grande do Sul enviou cerca de 33 mil homens; a Bahia, em torno de 15 mil. Ao todo, as províncias do Norte e do Nordeste contribuíram com 31 mil homens. Oriundos das partes mais quentes do

Brasil, sofreram com o clima nas regiões próximas ao rio da Prata. Outro desafio à saúde dos soldados do Norte e do Nordeste foi a mudança na alimentação, que, no Rio Grande do Sul, na Argentina e no Uruguai, era composta quase exclusivamente de carne gorda. Além das doenças causadas pelo frio, a disenteria também grassava nos acampamentos e tirava muitos de combate.

A alimentação das tropas sempre foi escassa, mas de uma escassez variável. Se a carne assada dominava o exíguo cardápio sob o comando do gaúcho Osório, seu sucessor, o carioca Polidoro da Fonseca Jordão, aumentou a porção de farinha. Mais tarde, o comando do Exército passou ao marquês de Caxias, que ordenou rações de feijão e carne-seca, ou jabá. Por fim, quando a liderança foi transferida ao conde d'Eu, na fase final do conflito, cada soldado passou a receber, diariamente, uma lata de sardinha de Nantes. Como houve muitos poetas e repentistas no Exército brasileiro, as mudanças na alimentação soldadesca deram origem a esta quadra:

Osório dava churrasco
E Polidoro, farinha.
O Marquês deu-nos jabá,
E Sua Alteza, sardinha.

Dos 139 mil homens que o Brasil enviou à guerra, cerca de 8 mil eram escravos libertos para esse fim. Quando a Guerra do Paraguai estourou, o Império do Brasil era um dos últimos países escravocratas das Américas. Os Estados Unidos libertaram seus escravos entre 1863 e 1865 — a Guerra Civil Americana terminou justamente quando a do Paraguai começava. No Uruguai, a escravidão foi abolida em 1842; na Argentina, em 1853. No Brasil, a lei Eusébio de Queirós havia proibido o tráfico negreiro em 1850 por pressão da Inglaterra – que, na época, fazia uma cruzada diplomática para acabar com a escravidão no Ocidente. Mas o tráfico interno continuava, embora a Coroa inglesa exigisse a extinção completa do trabalho escravo no Brasil.

A abolição da escravatura ainda demoraria décadas,[1] mas a tragédia do Paraguai acabou trazendo uma sangrenta e dolorosa liberdade para milhares de negros brasileiros. Mesmo com a criação dos Voluntários da Pátria, o Exército ainda precisava de mais soldados. Uma das soluções encontradas pelo Império foi oferecer a liberdade a escravos que se oferecessem para lutar. Muitos negros brasileiros fugiram da escravidão para se alistar. Outros foram libertados por seus senhores, que os enviavam à guerra como substitutos: os proprietários ficavam em casa, e os cativos iam lutar no Paraguai. Além das balas de canhão e do fio das baionetas, enfrentaram o racismo em ambos os lados das trincheiras. O jornal paraguaio *Cabichuí* referia-se ao Exército brasileiro como *os macacos*, e dom Pedro II era "o grande macaco que ostenta sua autoridade de rei". Ilustrações na imprensa mostravam imagens de Solano López esmagando triunfalmente batalhões de negros em debandada e soldados paraguaios chicoteando criaturas humanoides com traços simiescos. Contudo, também havia africanos escravizados no Exército paraguaio — onde a escravidão só seria abolida em 1867.

Dos soldados negros que lutaram ao lado do Brasil, muitos não chegaram a desfrutar a sonhada liberdade: de 50 a 100 mil deles jamais retornaram do Paraguai, dizimados nas batalhas ou tombados pela fome ou pelas doenças. De volta ao Brasil, muitos veteranos encontravam suas famílias ainda escravizadas – situação que horrorizou intelectuais da época e ajudou a impelir o movimento abolicionista.

Apesar das piadinhas climáticas, Dionísio fez amizade com os gaúchos, que eram maioria em seu regimento, e acabou apreciando a dieta carnívora pampiana. Nos arredores do acampamento, o baiano e os gaúchos se reuniam para fazer churrascos. A carne era enfiada em grandes espetos, à beira de braseiros no chão. Como não havia bancos nem cadeiras, todos se sentavam em troncos de árvore ou nos próprios calcanhares. Comiam sem garfo, arrancando nacos do assado com as facas. Dionísio adquiriu até mesmo o hábito de beber mate para acompanhar o cigarro de palha de trigo que costumava fumar após o assado.

Os brasileiros do Norte e do Nordeste também tiveram de se adaptar às vestimentas locais. O exército estava mal provido de fardamentos, e a maioria dos soldados marchava descalça. A falta de roupas se tornava mais grave à medida que as temperaturas despencavam, e o ministro da Guerra ordenou que o general Osório comprasse o que fosse necessário no Uruguai e na Argentina. Por isso, a maioria dos soldados brasileiros, fosse qual fosse sua origem, andava vestida à maneira platina. Dionísio recebeu uma blusa de baeta vermelha, alpargatas com sola de corda e um par de *calzoncillos* com franjas, tipo de indumentária gaúcha anterior às bombachas. Outras peças locais que se transformaram em partes do uniforme improvisado foram o chiripá, espécie de saiote que se prendia à cintura com cinto ou faixa, o poncho-pala de lã e o chapéu de feltro negro. Assim andavam todos no Exército brasileiro, do general até os ordenanças. Já o uniforme regular dos paraguaios era formado por capote vermelho e calça branca — mas muitos soldados, sobretudo os de origem indígena, iam à batalha usando também chiripá e poncho, às vezes sem camisa e quase sempre descalços. Ou seja: em alguns casos, os soldados inimigos usavam roupas parecidas.

Nos últimos dias de junho de 1865, enquanto o exército de Osório se preparava para cruzar o rio Uruguai de barco, o inverno alcançou seu paroxismo. O paranaense Vicente Polidoro Ferreira, amigo de Dionísio, certa noite adormeceu com os pés descalços junto à fogueira. Mas o fogo se apagou na madrugada, e o rapaz acordou com os pés congelados. A gangrena espalhou-se, e os pés tiveram de ser amputados. O jovem não sobreviveu à operação e foi sepultado às margens do rio Uruguai, onde seus restos estão até hoje.

Após a travessia, que durou uma semana, a tropa de Osório marchou até o arroio Ayuy-Chico, ao norte de Concórdia. Ali, do alto de uma coxilha, sob a ventania gelada, o regimento de Dionísio avistou o grande acampamento da Tríplice Aliança, erguido sobre os campos amarelos crestados pelas geadas. O sol de inverno brilhava nas barracas salpicadas de gelo, a fumaça das fogueiras se erguia sutilmente da lenha úmida, e o orvalho cobria os canhões de bronze.

Além de uniformes, faltavam cavalos mansos no Exército brasileiro. Muitos dos animais designados aos soldados ainda eram meio selvagens e tinham de ser domados ao longo da marcha. Enquanto avançava pela Argentina, o regimento de Dionísio recebeu uma tropa de cavalos novos, quase todos bravios. Num amanhecer nevoento, sob uma garoa fria, os soldados formaram um grande círculo em torno dos cavalos para que cada um apanhasse sua montaria. Após um tempo, já quase todos estavam montados, mas Dionísio continuava a pé. Um amigo gaúcho girou o laço sobre um cavalo ligeiro e esguio, que estacou no meio de um salto, com a cola levantada, as narinas dilatadas, as orelhas inquietas, os olhos fulminantes. Dionísio teve um calafrio. Avançou cautelosamente, segurando o laço que vibrava, e tentou colocar o cabresto na cabeça da fera. O cavalo bufou, ergueu-se nas patas de trás, sacudiu os cascos dianteiros e tentou dar-lhe uma dentada. Em sua salvação, veio um ajudante indígena que murmurou algo na orelha do animal e lhe acariciou o pescoço. Parecia amansado e deixou-se encilhar. Dionísio montou e seguiu com o restante da tropa em direção a Concórdia.

A mansidão, contudo, era ilusória. Descendo uma colina, o comandante do regimento ordenou que os soldados iniciassem um trote. Distraído, Dionísio deixou as esporas roçarem no cavalo recém-domado. Com um salto, o animal disparou ladeira abaixo, a cabeça metida entre os cascos, rasgando o ar em corcovos. Dionísio perdeu-se pelos campos e chegou ao acampamento muito depois do regimento: exausto, agarrado às crinas do cavalo e sem saber como ainda estava vivo.

Depois desse dia, o baiano tornou-se exímio cavaleiro, capaz de lidar com qualquer montaria, por mais furiosa que fosse.

O exército estava acampado em Mandivosi, atual Federación, ao norte de Concórdia, quando canhões começaram a disparar. Não era uma batalha; era um festejo. Acabava de chegar a notícia sobre a grande derrota paraguaia em Uruguaiana. Agora, as tropas aliadas que estavam no Rio Grande do Sul viriam também juntar-se ao grosso das forças na Argentina.

O fracasso militar no sul do Brasil foi um desastre para Solano López. Ao iniciar a invasão, ele contara com o apoio de seus simpatizantes tanto na Argentina quanto no Uruguai. Com efeito, havia grande rancor contra os brasileiros nos dois países, que já haviam enfrentado o Império diversas vezes no passado. Mas o ataque de López a Corrientes inverteu o jogo, possibilitando que a diplomacia brasileira unisse os três países contra o Paraguai. Além disso, López cometeu o erro de não comandar suas tropas pessoalmente. Deixou a execução de seus planos nas mãos do general Wenceslao Robles, que comandou a invasão à Argentina, e do coronel Estigarribia, que atacou o Rio Grande do Sul. Ambos se mostraram ou ineficazes, ou desobedientes. Estigarribia acabou capturado e passou o resto da vida no Rio de Janeiro. Mais tarde, expressou o desejo de se juntar às tropas brasileiras no combate a seu antigo chefe, mas a oferta foi cordialmente recusada pelo governo imperial. Já Robles foi acusado de traição e afastado do comando — seria fuzilado na fortaleza de Humaitá em 1866, mascando seu charuto. O comando do Exército paraguaio na Argentina passou a Francisco Isidoro Resquín, que, em outubro de 1865, recebeu ordens de bater em retirada e voltar ao Paraguai.

Entre 31 de outubro e 3 de novembro, as tropas de Solano López evacuaram Corrientes e cruzaram a confluência dos rios Paraná e Paraguai, levando consigo peças de artilharia, cerca de 100 mil cabeças de gado e cavalos e centenas de carretas com a pilhagem de vilas e estâncias. O exército em retirada era formado por 14 mil homens sãos e uns 5 mil doentes. Na Argentina, haviam morrido cerca de 8 mil paraguaios; no Rio Grande do Sul, 12 mil haviam caído em batalhas ou foram aprisionados. Estavam exaustos e quase sem roupas. Mas poucos ousavam reclamar, pois as punições eram severas. Nesse período, ao menos três oficiais paraguaios foram fuzilados por criticarem a estratégia de López; outros dez sofreram penas diversas pelo mesmo motivo. Em Assunção, a popularidade de López começava a decair. O que jamais mudou, contudo, foi a determinação dos soldados paraguaios: até o fim do conflito, demonstraram uma valentia que não deixou de causar espanto e admiração entre os inimigos.

RUMO AO PARAGUAI

Enquanto os paraguaios recuavam para dentro do próprio país, os aliados avançavam pelos ermos arruinados da Argentina.

Era como se um vendaval de destruição houvesse varrido os campos de Corrientes. O regimento de Dionísio marchava por regiões desertas, onde não havia nenhuma casa habitada. Ali, por natureza, até a vegetação era escassa. Às vezes, no horizonte, avistava-se um pé de umbu, a árvore solitária característica das regiões meridionais do continente.

O frio já se dissipara. A estação das chuvas chegava. Nos campos ondulados, os cadetes tinham de armar as tendas nas baixadas, enquanto os oficiais ficavam no alto das colinas. Quando começava a chover, a água logo se acumulava, molhando as caronas e os pelegos que serviam de cama. Às vezes, Dionísio e seus companheiros acordavam no meio da noite com água perto do rosto. Se a inundação ficasse ao rés do solo, seguiam dormindo assim mesmo. Se a chuva continuasse a bater, os soldados sentavam-se nos arreios e assim cochilavam, com os pés dentro d'água, até o amanhecer.

Aos campos molhados, sucediam-se matagais escuros, onde os sentinelas relatavam avistar jaguares e "tigres negros" — possivelmente onças-pintadas com melanismo, condição que confere à pelagem um negror acentuado. Passaram pela imensa lagoa de Iberá, onde nasce o rio Corrientes, coberta por ilhotas onde grassavam matagais emaranhados, com juncais a perder de vista. Os soldados brasileiros escutavam aqui e ali as lendas que os argentinos contavam sobre aquela região agreste. Dizia-se que, lá no fundo das matas, habitavam gigantes de quarenta palmos[2] e pigmeus que vivem em tocas e só saem à noite, por medo de serem bicados pelas aves de rapina; pelas margens esgueiravam-se cobras gigantes, com garras de tigre ou navalhas na cauda, e homens-peixe que às vezes saíam das restingas para seduzir as moças.

O grande pavor do soldado brasileiro não eram as assombrações dos ermos nem a morte em batalha, mas a doença. O clima, a alimentação irregular e a falta de higiene derrubavam mais soldados que as balas do inimigo. Enquanto as tropas atravessavam campos alagados, charcos barrentos e arroios, sempre fustigados por chuvas violentas, uma longa cauda de retardatários, adoentados e exaustos estendia-se atrás em marcha. Os que não conseguiam caminhar eram enviados a pavorosos hospitais de campanha — alguns deles instalados em antigos *saladeros*, estabelecimentos onde se salgava a carne dos animais abatidos, assombrados por miasmas de couro podre. "Mil vezes as violentas refregas dos dias de batalha do que a agonia das enfermarias em marcha!", escreveu Dionísio décadas depois. Os cavalos de batalha também sofriam. No início da guerra, o Exército brasileiro não providenciava forragem aos animais, que tinham de viver *a la gaucha*, ou seja, pastando o que houvesse nos campos. Quando a grama rareava, os animais enfraqueciam e morriam. Para poupar os cavalos desnutridos, os soldados às vezes carregavam os arreios nas próprias costas.

Após o frio e a chuva, veio a tortura do calor. Mesmo o baiano Dionísio apavorou-se com o mormaço terrível daquelas terras, onde, entre dezembro e janeiro, a temperatura pode passar de 40 graus à sombra. Acampados no norte da província de Corrientes, os aliados abasteciam copos e baldes em uma lagoa próxima, mas a água vinha quente e não refrescava. No calor, proliferavam insetos. Nuvens de moscas cobriam as barracas e infestavam as postas de carne penduradas junto às fogueiras. Eram tantas que ninguém conseguia levar um bocado de carne à boca sem engolir ao menos uma dúzia delas. "Lembro-me bem de um companheiro que, cansado de dar combate às moscas e desanimado com a multidão infrene, resolveu esmagar no pirão ou no arroz as mais impertinentes e tragá-las", escreveu Dionísio. "Vi-o uma vez tomar duma xícara de ferro estanhado, cheia de vinho, comprado numa carreta próxima, e bebê-lo coando com os dentes a massa de moscas que o engrossavam, cuspindo-as depois." Dionísio não foi o único a relatar cenas como essa: o então oficial e futuro estadista Benjamin Constant Botelho de Magalhães, em uma de suas cartas, também descreve soldados obrigados a comer ou beber moscas nas refeições. Os insetos, ao que parece, eram uma parte indesejada, mas inevitável, da dieta dos combatentes durante a Guerra do Paraguai.

Além das moscas, havia as "muquiranas", também conhecidas como piolhos de roupa, que infestavam os uniformes. Era impossível arrancá-los, mesmo com água fervente. O general Osório dizia que nenhum uniforme brasileiro estaria completo se não estivesse adornado por, ao menos, doze piolhos.

Os ditos de Osório, por sinal, logo ganharam fama na tropa. Certa vez, o repentista Paulo Alves enviou ao general uns versos pedindo uma promoção. Osório — que, embora tivesse pouco estudo formal, era culto e dado às letras — respondeu à altura:

Quem faz versos tão formosos
Há de ter grande talento
E ser valente. Por isso,
Defiro o requerimento.
Mas não repita,
Que sai-se mal
Falando em versos
Ao general.

Traço raro entre militares de alta patente, essa veia humorística contribuiu para tornar Osório a figura mais popular entre os soldados brasileiros em sua época. Bonachão, acessível e às vezes hilariante, ele foi também um dos oficiais mais audazes na história militar do Brasil, demonstrando em diversas ocasiões uma valentia que beirava a temeridade. No século XX, o Exército brasileiro escolheria como patrono o sisudo duque de Caxias, mas era com o debochado Osório que os soldados mais se identificavam. Todos reconheciam sua figura, quase sempre vestida com poncho e chapéu de copa alta, que frequentemente passeava pelos bivaques, conversando com a soldadesca à beira do fogo. Também era célebre seu jeito de falar agauchado, com muitos laivos de espanhol, que os oficiais de outras partes do Brasil às vezes tinham dificuldade em entender.

Suas réplicas e tréplicas eram tão engenhosas que impressionaram até mesmo *sir* Richard Francis Burton — diplomata, escritor e explorador inglês que também era dono de um humor transbordante, às vezes venenoso, e conheceu o general gaúcho em 1868. Em *Cartas dos campos de batalha do Paraguai*, Burton escreveu: "Com suas tiradas sarcásticas e seus ditos engenhosos, Osório me lembrava Ricardo Coração de Leão". Elogio poderoso, vindo de um súdito tão esforçado da Coroa inglesa!

Às vezes, ao anoitecer, após o toque de silêncio, ouvia-se no acampamento aliado o choro de um bebê recém-nascido. "Eram os filhos do regimento", explica Dionísio. Cresciam por ali mesmo, em marcha, de bivaque em bivaque, vestidos de soldadinhos, comendo os restos da parca ração que os pais dividiam com eles. Mas quem eram as mães dessas crianças concebidas entre marchas e batalhas, cujos gritinhos repercutiam nas noites do deserto, nos matos onde vagava o jaguar?

Foram 130 mil *os homens* que o Brasil enviou à guerra, entre 1865 e 1870. Esse número não inclui as mulheres que seguiram seus maridos e companheiros ao longo do conflito. Não se sabe quantas foram, mas é certo que acompanharam as tropas, tanto em território brasileiro quanto na Argentina e no Paraguai. Malvestidas, alimentavam-se com o que sobrava, viviam sob os galhos dos matagais, cozinhavam e lavavam roupa para os soldados. Seguiam-nos até os locais de batalha, rasgando as próprias roupas para fazer ataduras. Acudiam os feridos, socorriam os doentes. Finda a guerra, quase todas caíram no esquecimento. Delas, nos chegaram apenas notícias vagas.

Sabemos, por exemplo, que, junto ao 29º Corpo dos Voluntários da Pátria, marchava uma gaúcha chamada Florisbela, "sem nome nem família", porém conhecida e admirada por todos os soldados. A "soldada intrépida", como foi chamada por uma testemunha de seus feitos, não apenas seguia a tropa como participava dos combates, apanhando a carabina do primeiro brasileiro que caísse e sustentando a luta até o fim. Após as batalhas, vestida em uniforme de enfermeira militar, cuidava dos feridos nos hospitais. Era tão famosa no Exército brasileiro que sua mera visão entusiasmava os companheiros; mas hoje não conhecemos seu nome completo e nenhum monumento em sua homenagem. O capitão Joaquim Silvário de Azevedo Pimentel, que a conheceu, escreveria em *Episódios militares*:

> *Essa mulher, se tivesse tido a ventura de nascer na França ou na Alemanha, talvez figurasse em estátua na melhor praça de suas grandes cidades; mas no Brasil nem de leve se tomou em consideração o ato de seu espontâneo e magnífico desprendimento e bravura. Mais de 10 mil testemunhas ainda existem que pasmaram diante de sua heroicidade, sendo o escritor destas linhas uma delas.*

No fim de março de 1866, as forças brasileiras chegaram à fronteira entre a Argentina e o Paraguai e acamparam nas altas barrancas do rio Paraná, cujas águas turbulentas eram então a única coisa a separá-los do inimigo.

Do outro lado, os paraguaios estavam entrincheirados no forte de Itapiru, onde havia cinco canhões apontados para o lado argentino. Mais ao norte, estendia-se uma série de fortalezas às margens do rio Paraguai: Curuzu, Curupaiti e Humaitá. Contando com pesada artilharia, as fortificações protegiam o caminho fluvial até Assunção. No início, portanto, o plano dos aliados era alcançar Assunção por terra. Porém, após décadas de isolamento, o Paraguai era um território completamente desconhecido para os estrangeiros. Não havia mapas para se guiar em suas veredas, e o terreno tinha de ser desbravado à medida que os exércitos avançavam.

Mesmo com as tropas reunidas junto ao rio Paraná, a invasão demorou a começar. A ignorância sobre a geografia paraguaia era tão grande que os aliados não sabiam sequer onde cruzar o rio. Ao longo do mês de março, as forças brasileiras tentaram identificar algum ponto, nas margens opostas, onde a terra fosse seca e plana o bastante para comportar a chegada de milhares de soldados, cavalaria, carroças e mantimentos. Até o início de abril, contudo, o exército de Osório ainda não havia cruzado armas com o inimigo.

Na noite do dia 10, o jovem baiano estava tomando chimarrão com três amigos, acocorados junto à fogueira do acampamento, nas barrancas do Paraná. Todos tinham entre 18 e 20 anos e estavam impacientes pela demora estratégica e ansiosos por encontrarem glória no campo de batalha. A noite estava clara, e, além da água, os rapazes brasileiros avistavam a ilha de Itapiru, em frente ao forte paraguaio homônimo. As forças imperiais haviam ocupado a ilha e a fortificaram com canhões, na preparativa da invasão.

"Quando pisaremos em terra paraguaia?", perguntou um dos rapazes.

"Breve; já tomamos posição para a passagem", respondeu outro.

"Não creio que seja por ali, defronte do Itapiru."

"Nem eu. O López espera-nos no Paso de la Patria, com o grosso de seu exército."

"Por ali ou por outro ponto é preciso passar", concluiu um dos rapazes na roda de chimarrão. "E, quanto antes, melhor."

De repente, os quatro garotos se ergueram em um pulo. Tiros de fuzil espocavam ao longe, e súbitos clarões iluminavam o rio. Canhões rugiam, metralhadoras matraqueavam. Em seguida, as cornetas brasileiras deram o toque de alarme. Como os quatro rapazes eram artilheiros, cada um correu para seu canhão. Compreenderam que a posição brasileira na ilha de Itapiru estava sendo atacada pelos paraguaios, que haviam cruzado o rio sem serem vistos. Os cadetes, apinhados na barranca do Paraná, debruçavam-se sobre a água e tentavam divisar a batalha: olhando as explosões e os disparos, Dionísio recordava dos fogos de artifício nos arraiais da Bahia. No clarão das armas, os paraguaios atravessavam a praia e lançavam-se contra a fortificação brasileira, escalando os parapeitos, com o rosto sujo de pólvora, a cabeça ensanguentada sob a barretina de couro — até que as espadas e baionetas dos brasileiros os jogavam dentro do fosso. Gritos de raiva, injúrias, zombarias cruéis, vivas ao Império e toques de clarim ressoavam nas praias da ilha e se propagavam sobre a superfície do rio. Finalmente, na neblina do amanhecer, ouviram-se a fanfarra da vitória e o hino nacional. Cerca de 640 paraguaios haviam tombado na tentativa de reocupar a ilha. Os brasileiros haviam vencido; mas o coronel Villagran Cabrita, comandante das tropas imperiais na ilha, foi morto por uma bala de canhão, disparada do forte de Itapiru. Em sua memória, a ilha foi renomeada como Cabrita.

Nos dias seguintes, prosseguiu o canhoneio entre a ilha e o forte. Enquanto isso, o Exército aliado construía rampas e pontes para embarcar soldados, armas e animais. Os técnicos que o acompanhavam haviam feito um mapa hidrográfico da região, e os militares concluíram que o melhor local para desembarque era um ponto a alguns quilômetros do forte de Itapiru, próximo à foz do rio Atajo. Houve controvérsia, contudo, na hora de decidir quais tropas desembarcariam primeiro no país inimigo. O capitão Joaquim Pimentel relata um agitado debate entre os chefes aliados durante uma reunião do conselho geral dos generais da Aliança — Mitre, Flores, Osório, o almirante Tamandaré, o ministro brasileiro Francisco Octaviano de Almeida Rosa e os estados-maiores dos três países. Mitre e Flores discutiam: ambos queriam a honra de cruzar o rio na frente dos outros. Mitre argumentava que, sendo ele o comandante em chefe de todos os aliados, a glória do primeiro ataque deveria caber à Argentina. Venancio Flores respondeu que, segundo o Tratado da Tríplice Aliança, era ele o comandante da vanguarda, por isso os uruguaios deveriam ir na frente. Era uma discussão cavalheiresca, sem destemperos, mas os dois líderes eram inflexíveis e não cediam terreno. Os chefes brasileiros, calados, apenas ouviam a disputa. Se houvesse uma votação entre os generais presentes, Mitre venceria, pois havia cinco vezes mais oficiais argentinos que uruguaios. Aborrecido, Venancio Flores voltou-se para Osório, que até então só escutara, sem dizer nada.

"Que diz você, general?", perguntou Flores.

"Digo", respondeu Osório, "que vocês façam lá o que quiserem. Quem passa o rio sou eu!"

A resposta tipicamente osoriana encerrou o debate de um só golpe. Mitre e Flores ficaram desnorteados, e o general gaúcho foi saudado com uma salva de palmas pelas três nacionalidades reunidas.

A tirada de Osório talvez seja uma anedota histórica, mas o fato é que os brasileiros tinham o melhor argumento para assumir a vanguarda do ataque: o território imperial fora o primeiro a ser invadido por Solano López. Em 15 de abril, o general brasileiro fez publicar uma ordem do dia, anunciando a invasão e declarando que os súditos de dom Pedro II seriam os primeiros a pisar em território inimigo. Na proclamação à tropa brasileira, disse:

> *Soldados! É fácil a missão de comandar homens livres; basta mostrar-lhes o caminho do dever. O nosso caminho está ali em frente. Não tenho necessidade de recordar-vos que o inimigo vencido e o paraguaio desarmado ou pacífico devem ser sagrados para um Exército composto de homens de honra e de coração. Ainda uma vez mostremos ao mundo que as legiões brasileiras no Prata só combatem o despotismo e fraternizam com os povos.*
> *Avante, soldados!*
> *Viva o Brasil! Viva o Imperador!*[3]

A INVASÃO

Na mesma noite, navios a vapor encostaram na margem próxima ao acampamento brasileiro, rebocando chatas e chalanas. Ali embarcaram o piquete do próprio general Osório, mais duas divisões de infantaria, uma pequena força de cavalarianos e oito canhões com artilheiros, comandados por Emílio Luís Mallet, francês de estatura gigantesca que viera para o Brasil aos 17 anos e acabara se naturalizando. Tinha bigodes enormes e caídos, que seus subordinados comparavam ao do chefe gaulês Vercingetórix, e andava sempre soltando baforadas de um grande cigarro de palha enquanto vistoriava as posições inimigas. Mallet e Osório eram bons amigos; por brincadeira, o gaúcho chamava o francês de "Pai Bugeaud", em referência a um célebre marechal francês. Esse grupo inicial, que Osório e Mallet integravam, seria a ponta de lança da invasão. Na manhã seguinte, embarcariam outros 9.465 soldados rumo ao labirinto selvagem do interior paraguaio.

O dia 16 amanheceu nublado. Não se via o sol. À nebulosidade do clima, somou-se a fumaça dos canhões, pois os navios da esquadra brasileira dirigiram-se à costa paraguaia e começaram a bombardear o forte de Itapiru e o Paso de la Patria. A fumaça do canhoneio ocultou o embarque dos soldados, que subiram a meia marcha nas embarcações, carregando apenas bornal e cantil. Para melhorar a agilidade, não levavam mochilas. Eram nove navios-transporte, doze canoas, quatro grandes chatas e dois avisos (pequenos navios a motor). Além dos soldados, as embarcações transportavam 1.830 toneladas de equipamento. Os barcos carregados zarparam em direção ao forte de Itapiru, como se fossem desembarcar ali, mas se desviaram subitamente, com grande rapidez, até o ponto onde deságua o rio Atajo. O inimigo poderia chegar ali em pouco mais de uma hora, mas, para isso, teria de marchar pelas margens do Paraná e sobreviver aos tiros da esquadra brasileira. Mais de 9 mil soldados desceram das embarcações em menos de uma hora.

Osório foi o primeiro a pisar em terra paraguaia, às 9 da manhã. Sem esperar o desembarque do 1º Corpo do Exército, o general montou a cavalo, empunhando sua lança predileta, de ébano e prata, que já usara em outras guerras, e saiu a galope à frente de um pequeno grupo formado por apenas seis ajudantes e doze cavalarianos. Embrenhou-se nas clareiras dos pântanos para realizar, ele próprio, o reconhecimento do terreno misterioso, enquanto uma ventania varria a manhã nublada. Osório enfiou-se num banhado, afundando na água até a altura dos arreios, quando se ouviram tiros de fuzil: o piquete do general topara com uma força inimiga. Ergueram-se toques de corneta, e a infantaria do 2º Corpo dos Voluntários da Pátria avançou rapidamente, com as baionetas erguidas, em socorro do comandante em chefe. Os brasileiros venceram. Estava feito o desembarque.

Mais tarde, oficiais criticaram Osório pela aparente loucura ao se lançar numa investida perigosa, com tão poucos homens, enquanto o restante do exército desembarcava — afinal, a morte de um general naquele momento teria comprometido toda a campanha. Osório explicou: "Precisava provar aos meus camaradas que o seu general era capaz de ir aonde os mandava".[4] Entre os soldados, a ação audaz gerou euforia. O general, que já era popular, transformou-se em uma lenda. Em outras ocasiões, voltaria a tomar a dianteira das tropas, enfiando-se em combates corpo a corpo, ao alcance das balas inimigas. Era o oficial brasileiro mais admirado entre os aliados, e até os inimigos o respeitavam. "Ele é o único general universalmente amado tanto pelos argentinos quanto pelos brasileiros", escreveu *sir* Richard Francis Burton. "É bravo ao ponto da temeridade; vários cavalos já morreram sob ele; e os soldados dizem que ele tem o corpo fechado, e que, após as batalhas, sacode as balas presas em seu poncho."

Enquanto o grupo inicial avançava até o forte de Itapiru, o restante das forças aliadas atravessava o rio com materiais e equipamentos. O desembarque completou-se por volta das 20 horas. Na época, o Exército aliado se compunha de 67.730 homens — mas, descontando os enfermos e os tripulantes dos navios, havia em terra 42.200 soldados. Eram 29 mil brasileiros, 11 mil argentinos e 2.200 uruguaios, com 87 canhões. No acampamento de Paso de la Patria, Solano López tinha 30 mil homens. Como os defensores de um território sempre contam com vantagens estratégicas, o ideal para os invasores é ter uma força pelo menos duas vezes superior. O Exército aliado jamais atingiu o dobro das forças paraguaias, e esse é um dos motivos para que a guerra tenha durado até 1870.

Ante a aproximação do inimigo, Solano López evacuou suas tropas e sua artilharia e retirou-se com Elisa Lynch e o estado-maior para o interior do país. Os aliados marcharam sobre Paso de la Patria em fins de abril e encontraram a aldeia fumegando. Os paraguaios haviam incendiado as casas e os quartéis, sem deixar nada ao inimigo. Décadas depois, Dionísio Cerqueira escreveria:

Começava a famosa retirada que durou quatro anos e só o terminou nas margens do Aquidaban, com a morte do Ditador, a ruína daquele belo país e o aniquilamento quase completo de seu heroico povo. Nada pudemos retirar daquele território, onde só achávamos desolação e ruínas. A guerra ali não alimentava a guerra. Vivíamos sempre dos nossos próprios recursos. Aquele país ensanguentado só nos deu ar para respirar, e muitas vezes empestado; água para beber, e não raro poluída pelos cadáveres e pelo sangue derramado nas batalhas; e terra em abundância para as sepulturas dos nossos 100 mil compatriotas que lá ficaram para sempre.

No primeiro momento da grande retirada, os paraguaios se entrincheiraram na parte setentrional de uma região conhecida como estero Bellaco. Esteros são terrenos alagadiços, porém diferentes de pântanos, pois neles a água é clara e potável. Mas, ao fundo, há leitos de lodo onde um homem a cavalo pode afundar completamente. Em meio às águas, em Bellaco, cresciam juncos de até 3 metros de altura, tão densos que era impossível atravessá-los, e de raízes tão profundas que era dificílimo arrancá-los. Havia caminhos secretos no labirinto, conhecidos somente pelos paraguaios. Os aliados iam avançando às cegas, alimentando-se apenas do gado que era trazido de Corrientes e abatido no acampamento. Como havia pouca grama para pastar, ocorreu grande mortandade de cavalos, e a maior parte dos soldados de cavalaria ficou a pé.

Um dos aspectos mais fascinantes da Guerra do Paraguai é que, embora se usassem armamentos modernos, como granadas e morteiros, se recorria com frequência a táticas arcaicas, típicas das guerras de outrora. Certa madrugada, os aliados cruzavam o estero Bellaco em meio a um grande silêncio. Geralmente, os paraguaios alvejavam os invasores em escaramuças esparsas, tentando vencê-los pelo cansaço. Por isso, aquela calmaria era suspeita: podia indicar que os paraguaios estivessem preparando um ataque maior. Os aliados redobraram a vigilância. A noite estava muito escura. De repente, ouviu-se um estrondo surdo, crescente, pavoroso, como um trovão que, em vez de ressoar nos céus, rolasse sobre a terra. Mesmo sem avistar qualquer avanço inimigo, os sentinelas brasileiros começaram a tirotear, a esmo. O estrondo, que primeiro vinha pela frente, pareceu circundar a tropa brasileira e envolvê-la pela retaguarda. Achando que estivessem diante de um evento sobrenatural, vários soldados se apavoraram — um teria chegado a desmaiar. Os cavalos do bivaque se alvoroçaram, empinaram-se e saíram em disparada. Todos no Exército aliado apanharam as armas e ficaram de prontidão até o sol raiar. Só então descobriram o motivo do horrível estardalhaço que não os deixara dormir.

Os paraguaios haviam recorrido a um estratagema que os rebeldes farroupilhas já haviam usado no Rio Grande do Sul, em suas lutas contra o Império. Apanharam um bando de cavalos xucros — ou bravios — e amarraram cordas no rabo de cada um; na ponta das cordas, prenderam grandes couros secos. À medida que os cavalos saíam a galope, os pedaços de couro vibravam e saltavam ao bater em irregularidades do terreno e troncos de árvores; o barulho os enlouqueceu e os fez correr de forma ainda mais desvairada, de modo que o estrondo não parava de crescer. Os tiros dos sentinelas abateram um dos pobres animais, que foi encontrado na manhã seguinte, ainda com o couro amarrado à cauda. Os brasileiros riram da coisa toda, mesmo sabendo que a piada, ali, eram eles: os paraguaios, sem se mexer de suas posições, haviam feito com que os invasores passassem a noite em claro.

Enquanto o Exército Aliado cruzava os esteros, Dionísio Cerqueira tomou uma decisão importante. Até ali, estivera no regimento de artilharia comandado por Emílio Luís Mallet — uma parte importantíssima do Exército, porém geralmente imóvel durante os combates, pois aos artilheiros cabe cuidar dos canhões e dispará-los, aguardando os movimentos do inimigo. Dionísio queria marchar para dentro das refregas e impacientava-se ouvindo os gritos e toques de clarim em meio à fumaça. No início de maio, pediu transferência para a infantaria, comandada pelo general Antônio de Sampaio. Alguns dias depois, seu desejo realizou-se. Recebeu uma carabina meio enferrujada e um sabre-baioneta que pertencera a um soldado morto. Deram-lhe também uma mochila, um bornal imundo, um cantil de madeira sem rolha e cem cartuchos embalados. Até então, Dionísio marchara usando um poncho platino, mas o comandante da companhia lhe arranjou um capote e uma manta cheia de furos. Pouco tempo depois, foi promovido a alferes, e o próprio general Sampaio chamou-o para uma breve conversa.

Dionísio encontrou-o lendo um livro sobre Napoleão, à sombra de uma ramada. Vendo chegar o alferes, Sampaio fechou o livro, marcando-o com o dedo.

"Pronto, senhor general, venho apresentar-me a vossa excelência, por ter sido promovido para o 4º de Infantaria."

O velho general olhou-o de alto a baixo. Pareceu simpatizar com ele, por algum motivo.

"Estimo muito, senhor alferes. Apresente-se à Brigada. Desejo que seja feliz."

Antes que o alferes se retirasse, o general, que era cearense, ensaiou um sorriso e perguntou:

"Você é filho do Ceará?"

"Não, senhor general, sou baiano", respondeu o alferes, e quase acrescentou: *Graças a Deus.*

O cearense e o baiano se despediram cordialmente, sem saber que jamais voltariam a conversar; Sampaio estaria morto antes que o mês terminasse.

No dia 20 de maio, o Exército aliado chegou a um grande areal. Era um terreno seco, com 4 quilômetros de comprimento por uns 2,5 de largura, cercado por juncais com mais de 2 metros de altura. Ao sul, ficava o estero Bellaco. Ao norte, uma lagoa.

O nome da lagoa era Tuiuti.

TUIUTI

Montou-se ali um grande acampamento.

Na vanguarda, mais ao norte, instalaram-se batalhões de infantaria brasileira, o 1º Regimento de Artilharia Montada, com 28 canhões, e as forças uruguaias. À direita, acamparam as tropas

argentinas, com Mitre. Bem no centro, em uma elevação, armou-
-se a barraca do general Osório. A retaguarda era protegida pela
desfalcada cavalaria. Somando-se os animais das tropas argentina, uruguaia e brasileira, os aliados contavam com pouco mais
de 1.500 cavalos para cerca de 15 ou 20 mil cavalarianos.

O acampamento era cercado por banhados rasos, macegais
e grandes tufos de um capim conhecido como barba de bode.
Além, fechavam-se as matas obscuras, rasgadas por trilhas que
os soldados aliados desconheciam.

Era 23 de maio de 1866, metade do outono. Os dias de mormaço tinham ficado para trás. Naquela região cortada por rios,
transbordando de banhados e lagoas, as noites eram úmidas e
frias. O alferes Dionísio tinha acabado de devorar um churrasco magro e seco, que lembrava os mocós vendidos em Feira de
Santana. Sorvia chimarrão de um enorme porongo, quando um
cabo veio lhe trazer o caderno de ordem. Lendo-o, descobriu que
no dia seguinte pela manhã deveria comandar a coleta de lenha
nas matas vizinhas.

À tarde, conforme os líderes aliados haviam decidido, seria
realizado um grande reconhecimento do terreno.

Às 20 horas do dia 23, antes do toque de recolher, toda a tropa
brasileira entrou em formação. Diante da bandeira imperial, re-
zaram um terço. Depois, enquanto quarenta batalhões tocavam
seus instrumentos musicais, os praças com voz mais potente en-
toaram a plenos pulmões, à luz do luar, a oração tradicional dos
soldados brasileiros:

> *Oh, Virgem da Conceição, Maria Imaculada, vós sois a advogada
> dos pecadores, e a todos encheis de graça com vossa feliz grandeza.
> Vós sois dos céus princesa, e do Espírito Santo esposa. Maria, mãe
> de graça, mãe de misericórdia, livrai-nos do inimigo e protegei-
> -nos na hora da morte. Amém.*

A companhia de Dionísio ficou de prontidão no quarto de
serviço das 21 às 23 horas. Depois, foram dormir, ouvindo o movimento dos sentinelas que rodeavam o acampamento.

Levantaram-se antes do amanhecer. Dionísio avançou pelo acampamento enquanto os tons róseos do céu transformavam-se em púrpura, depois em dourado, e as barracas brancas iam emergindo da escuridão. Com vinte ajudantes, o alferes meteu-se no matagal. Os cabos ensarilharam as armas e foram catar lenha. Dionísio ficou junto às carabinas, olhando as horas. Eram cerca de 10 da manhã quando um soldado parou diante dele, levou a mão à pala do boné e disse com sotaque sertanejo:

"Saiba vossa senhoria, sô alferes, que o mato está vermelhando de caboclos."

Falou em tom impassível, sem qualquer susto. Para ver se era verdade, Dionísio embrenhou-se nas trilhas do mato. Perscrutou as sombras densas, lá no coração do matagal, e entreviu os vultos de uniforme rubro e barretina à cabeça.

O mato estava mesmo vermelhando.

Alguns soldados brasileiros já voltavam ao sarilho, com feixes de lenha sobre os ombros. Dionísio mandou chamar os outros e retornou ao acampamento. Estava relatando os acontecimentos ao oficial de Estado, quando uma granada explodiu bem acima da cabeça deles. Logo soaram os clarins, e todos correram às armas.

O estouro da granada fora o sinal para o ataque. Os paraguaios avançavam em massa. Estava começando a maior batalha campal na história da América do Sul.

Havia dias, os paraguaios vinham observando as posições inimigas.

Sem saber, os aliados haviam acampado nas vizinhanças de uma grande fortificação, a trincheira de Sauce, localizada atrás do estero de Rojas. Em 20 de maio, o líder paraguaio transferiu seu quartel-general para Paso-Pucú, a 6 quilômetros de Sauce. Dali, continuou observando o acampamento inimigo, enquanto se comunicava por telégrafo com as tropas próximas de Assunção.

No dia 23, percebendo que o movimento aumentava entre os invasores, Solano elaborou o plano para um ataque-surpresa, que deveria ser executado em 24 horas.

Em Tuiuti, López adotou uma tática inovadora. Segundo a vertente dominante no pensamento militar da época, a cavalaria deveria ser lançada para terminar as batalhas. López, contudo, decidiu usá-la no início da luta. Isso lhe daria uma grande vantagem inicial, pois contava com 8.500 homens a cavalo — contra apenas 1.500 entre os inimigos.

López sabia que os exércitos da Tríplice Aliança estavam num beco *quase* sem saída. Envolvidos por lagoas, banhados e matagais desconhecidos, os aliados tinham uma única rota de escape: recuar pelo estero Bellaco, ao sul, o mesmo caminho por onde chegaram a Tuiuti. López planejou envolver os inimigos num movimento de pinça, bloqueando a única alternativa de retirada. Os coronéis José Díaz e Hilario Marcó, com cerca de 9.500 soldados de infantaria e cavalaria, atacariam a vanguarda brasileira e uruguaia. O general José Vicente Barrios viria pela retaguarda, cruzando os banhados, com 8.700 homens e peças de artilharia. Para fechar o cerco, o general Francisco Isidoro Resquín marcharia com 6.300 homens, à sombra protetora dos altos palmeirais a leste do acampamento, e atacaria os argentinos. A ideia era que a pinça se fechasse por trás dos aliados, impedindo que recuassem.

Era um plano engenhoso. E, no início, funcionou.

O batalhão de Dionísio Cerqueira entrou rapidamente em formação. A cerração da manhã foi substituída pela fumaça escura de canhões, granadas e foguetes. Da sombra esverdeada dos matagais, irrompiam as colunas vermelhas, com armas brilhando ao sol. Cavaleiros vinham a galope, vestidos com chiripás de lã vermelha e tiradores[5] de couro sovado, trazendo boleadeiras e lanças enormes ou brandindo espadas curvas. Os gritos e estrondos formavam um alarido infernal.

A cavalaria paraguaia desabou sobre o batalhão de Dionísio. Os disparos de carabina se sucediam. Alguns brasileiros saíam correndo das linhas e golpeavam os paraguaios com os sabres-baionetas. Os atacantes foram repelidos para os matagais, mas voltaram com reforços, e a vanguarda brasileira começou a recuar. Nessa refrega, diante de Dionísio, o general Sampaio recebeu os ferimentos que o levariam à morte alguns dias depois, no peito e nas costas. O porta-bandeira do regimento tombou varado de balas; um cabo conseguiu salvar a bandeira empapada de sangue. Enquanto isso, a artilharia de Mallet, à direita de Dionísio, retumbava sem parar, como numa tempestade de chumbo. Os projéteis arrancavam as plantas do campo, e estilhaços voavam junto a braços e pernas decepados.

A luta já se estendia por cinco horas. Batalhões se engalfinhavam, baionetas enterravam-se na carne, espadas eram brandidas com as duas mãos, cabeças rolavam. Soldados formavam quadrados e círculos para disparar contra os inimigos ou cruzavam as baionetas para resistir às cargas de cavalaria. No meio da confusão, Dionísio não sabia se estavam vencendo ou perdendo. Apesar de tudo, não se sentia cansado. O tempo, desde o início da batalha, parecia passar estranhamente rápido.

De repente, uma grande aclamação subiu das tropas brasileiras. Era Osório que vinha a galope, chapéu negro à cabeça, o poncho esvoaçante e a lança de ébano à mão. Percorreu todo o acampamento, fazendo avançar os batalhões que recuavam, e agora metia-se na vanguarda do combate, onde a luta era mais acirrada.

Quando a batalha começou, Osório estava almoçando com o almirante Tamandaré no centro de comando brasileiro. Sua ação foi rápida e segura. Enviou os reservas para ajudar a infantaria de Mitre, que estava sob ataque na parte leste do acampamento, e mandou vários batalhões para impedir que os paraguaios cortassem o caminho de fuga, na retaguarda.

Ao verem tremular a famosa bandeirola que Osório trazia amarrada na lança, os soldados da vanguarda avançaram sobre o inimigo, numa investida irresistível. Liderados pelo general, perseguiram os paraguaios até as profundezas da mata.

Ao fim da tarde, soou o toque de cessar-fogo. Dionísio tinha um furo na camisa, à altura do ombro: um tiro passara raspando. De resto, estava ileso. Sua espada, contudo, se partira em dois pedaços, e as botas tinham perdido as solas. Voltou a sua barraca e encontrou, na frente, uma espada cravada no chão, vermelha de sangue. Enfiou-a na bainha, no lugar da lâmina mutilada. Jamais descobriu a quem havia pertencido.

Na Batalha de Tuiuti, enfrentaram-se cerca de 50 mil homens. Mais de 7 mil perderam a vida, e o solo do acampamento ficou juncado de cadáveres. A maioria dos mortos era paraguaia. Embora tivesse mais homens a cavalo, Solano López não pôde superar a artilharia brasileira. Além disso, cometeu um erro fatal ao manter cerca de 6 mil homens na reserva, em vez de enviá-los diretamente ao combate durante o ataque-surpresa.

Entre as fontes paraguaias que tratam da Batalha de Tuiuti, está uma testemunha muito importante: o coronel paraguaio Juan Crisóstomo Centurión, que acompanhou Solano López durante todo o conflito e mais tarde escreveu o magnífico *Memorias o reminiscencias históricas sobre la Guerra del Paraguay*, que merece um lugar bem ao lado das memórias de Dionísio Cerqueira entre as melhores obras compostas sobre o conflito.

Centurión nasceu em Itauguá, em 1840, e desde criança teve um intelecto aguçado — tanto que seu apelido entre os camponeses da região era *Centurión arandú* ("Centurión, o sábio", em guarani). Cursou matemática e filosofia e, em 1853, foi um dos cinco jovens enviados por Carlos López para estudar direito na Inglaterra, com as despesas pagas pela República. Às margens do Tâmisa, imbuiu-se de ideias liberais, perceptíveis ao longo de suas memórias. Voltou ao Paraguai em 1863 e logo foi incorporado ao gabinete pessoal de Francisco Solano López. Fazia pouco mais de um ano que Centurión retornara à América do Sul quando o torvelinho da guerra o envolveu.

Em *Memorias*, Centurión defende a postura de López perante a invasão brasileira, mas não deixa de dirigir algumas críticas ao *Supremo*. Acusou-o, por exemplo, de agir com temeridade ao ordenar o ataque ao acampamento aliado em 24 de maio de 1866. Para Centurión, López deveria ter aproveitado sua posição defensiva, que lhe dava o privilégio de escolher o terreno para o combate. O plano original do próprio marechal era melhor: esperar que os invasores avançassem até seu quartel-general e só então atacá-los pela retaguarda.

> *Esse plano era excelente, e talvez tivesse resultado na derrota do exército aliado; mas, desgraçadamente, o Mariscal López o abandonou, e, levado pelo desejo veemente de fazer suas tropas lutarem caprichosamente, sem amadurecer um plano de guerra, com o único desejo de ostentar seu valor e sua determinação, resolveu no dia 23 realizar um ataque aos aliados no dia seguinte, dizendo ter recebido notícias de que o General Mitre estava decidido a atacá-lo no dia 25 e que queria tomar a dianteira.*

Fossem quais fossem os motivos de López para atacar naquele momento fatídico, o fato é que transferiu a vantagem da defesa ao inimigo e, com isso, perdeu boa parte de seus melhores soldados.

Mesmo na derrota, a bravura e a ferocidade dos paraguaios impressionaram a todos. Osório admirou-se ao ouvir um relato sobre certo sargento inimigo que morrera defendendo sua bandeira. Fora atacado por um soldado brasileiro e, estando ambos sem munição, duelaram a armas brancas. O brasileiro levou dois golpes, mas conseguiu atravessar o inimigo com uma estocada. Vendo o paraguaio no chão, intimou que se rendesse. Em vez de responder, o soldado de Solano começou a rasgar sua própria bandeira com os dentes, para impedir que os inimigos a usassem como troféu, até ser morto. A bandeira rasgada foi entregue a Osório, que lamentou a morte do inimigo valente e mandou o sangrento artefato ao almirante Tamandaré, com um relato por escrito do episódio.

Muitos paraguaios tombaram feridos perto das trincheiras brasileiras e não puderam ser socorridos por seus conterrâneos. Entre 24 e 30 de maio, muitos ficaram onde estavam, sem comer nem beber, até serem recolhidos pelos aliados. Entre os prisioneiros, havia meninos e adolescentes. José Garmendia, oficial do Exército argentino, recorda a cena em sua obra *Recuerdos de la Guerra del Paraguay*:

> *A entrada dos feridos inimigos nos hospitais era interminável, eram pescados nos pântanos e nos esteros e, com uma paciência evangélica, eram conduzidos nos braços de nossos bons soldados.*

> *Quanto valor e resignação presenciamos então nesses rapazes paraguaios, que se deixavam cortar as pernas sem soltar um gemido, ao contrário, pedindo uma bolacha para comer, ou um cigarro para se distrair; recordamos que um jovem paraguaio de dezesseis anos, que estava sentado no chão, apertando as duas pernas destroçadas por uma metralha, dizia ao doutor Bedoya:*
> *– Che médico, me corta duma vez estas pernas, que estão doendo muito.*
> *E disse isso com certa firmeza, parecendo que não sofria, tal era a bravura desse menino que dava exemplo a tantos forasteiros, os quais eram vistos a chorar por feridas insignificantes.*

Os cadáveres paraguaios se estendiam por mais de 3 quilômetros. Após 48 horas de trabalho, os brasileiros haviam enterrado apenas a metade. Para evitar que o miasma da putrefação se espalhasse, foi preciso queimar os corpos restantes. Os mortos foram empilhados, separados por camadas de lenha e palha. À noite, sob o luar, as labaredas subiram pelas encostas da colina sinistra. Estouravam cartuchos que ainda estavam nas roupas dos mortos, e, à medida que o calor aumentava, a distensão dos músculos fazia braços se estenderem e se contraírem, pernas se esticarem e se encolherem, enquanto a boca se abria em caretas no meio das chamas. Entre os soldados brasileiros que testemunharam a cena terrível, logo se popularizou uma expressão para descrevê-la: a dança dos mortos.

ENTRINCHEIRADOS

A vitória aliada em Tuiuti ganharia proporções legendárias no Brasil. Mas não terminou a guerra. Pelo contrário: após a grande batalha, o conflito entrou em uma fase de quase imobilidade, que se estenderia por vários meses.

Se os aliados tivessem condições de lançar uma perseguição imediata ao inimigo que fugia, todas as forças de López poderiam ser aniquiladas em pouco tempo, e os aliados marchariam até a fortaleza de Humaitá sem obstáculos. A guerra teria acabado muito mais cedo. Mas, para fazer isso, os aliados precisariam de meios de transporte em grande quantidade — sobretudo montarias. Num conselho de guerra em 30 de maio, os três generais aliados decidiram que só seria possível lançar operações de grande envergadura quando a cavalaria estivesse, de fato, a cavalo. Do contrário, seria impossível dominar grandes extensões do território inimigo, assim como proteger o acesso ao acampamento. Além disso, para seguir adiante, seria preciso coordenar as forças navais e terrestres, pois a fortaleza de Humaitá erguia-se à beira do rio.

Mitre era, então, o comandante em chefe dos aliados, mas o almirante Tamandaré, chefe da esquadra brasileira, desconfiava dos argentinos. O desacordo e as suspeitas entre os aliados levaram a demoras e hesitações. Osório, que se dava bem com Mitre e Flores, adoeceu logo após a Batalha de Tuiuti, ficou incapacitado de andar e montar a cavalo e acabou substituído por Polidoro da Fonseca em 15 de julho de 1866. Ao contrário de Osório, Polidoro era inexperiente em combate e impopular entre os soldados, que o consideravam intolerante e demasiado rigoroso. Era tanta a antipatia pelo novo comandante que muitos oficiais abandonaram a guerra, e uma nuvem de desânimo se abateu sobre o Exército brasileiro, que se encontrava encurralado em Tuiuti, sem poder recuar nem avançar.

Além da fome, a sede começou a torturar os soldados. A água das cacimbas vinha amarelada e poluída pelo excesso de cadáveres enterrados nas vizinhanças. Às vezes, ao cavar um novo poço, os soldados se deparavam com crânios e ossadas — tinham então de tapá-lo e cavar em outro lugar. Para piorar as coisas, em 1867, uma epidemia de cólera fez com que doentes enchessem os hospitais. Espalhando-se de Corrientes até as posições brasileiras e as linhas paraguaias, atingiu a família de López em maio de 1867. O próprio *Mariscal* contraiu a doença, assim como seu filho recém-nascido, Miguel Marcial. López salvou-se, mas o bebê acabou morrendo. Furioso, *el Supremo* acusou dr. Stewart, seu médico escocês, de tentar envenená-lo. Stewart só sobreviveu graças à intervenção de Elisa Lynch. Nessa época, López já começava a dar sinais da paranoia que o levaria a exterminar muitas das pessoas que lhe eram mais próximas.

Após sobreviver à cólera, o *Mariscal* aproveitou a paralisia dos aliados para recompor suas forças. Os chefes de polícia receberam uma circular ordenando que requisitassem todos os cavalos úteis da população. Intensificou-se o recrutamento de adolescentes a partir de 12 anos, e 6 mil negros libertos foram incorporados ao Exército paraguaio. Um mês após o desastre de Tuiuti, López conseguira reunir 20 mil soldados.

Ao mesmo tempo, as fortificações junto ao inimigo foram expandidas. A trincheira de Sauce, ao norte de Tuiuti, foi ampliada, alcançando 1.580 metros, com 26 posições para artilharia, alojamentos para 3 mil homens e vários fossos camuflados com estacas de madeira, chamados de "bocas de lobo". Em julho, López resolveu fechar ainda mais o cerco ao acampamento inimigo: na madrugada do dia 14, dois batalhões paraguaios, manejando pás e picaretas, começaram a abrir silenciosamente uma nova trincheira à esquerda de Tuiuti, sob as instruções do inglês George Thompson. A vala partia da fortificação de Sauce, ao norte, e se estendia até as imediações da lagoa Piris, no sul, cruzando um território cheio de cadáveres insepultos e mumificados pelas intempéries. Os paraguaios cavavam tão perto das posições brasileiras que podiam escutar os inimigos tossir, rir e conversar. Ao amanhecer do dia 15, os brasileiros perceberam que a nova trincheira se estendia por 2.500 metros. As tropas inimigas estavam frente a frente, mas, enfraquecidos e sem a visão precisa do inimigo, nenhum dos exércitos podia realizar um ataque decisivo. Em ambos os lados da trincheira, os soldados vigiavam uns aos outros no alto de mangrulhos — torres de 25 a 30 metros de altura, formadas por quatro troncos de árvores cravados no chão, com um posto de observação no alto. Os mangrulhos foram inventados pelos aliados, mas os paraguaios os copiaram, usando-os para observar os inimigos por cima das fortificações.

Era um novo tipo de guerra, ao qual os chefes militares aliados não estavam acostumados. Na época, tanto na Europa quanto no rio da Prata, os conflitos eram geralmente rápidos, baseados no movimento das tropas. Líderes como Osório, Mitre e Flores forjaram-se em batalhas campais, em que a lança e a espada eram os principais armamentos. Essa forma de combater já começara a se tornar obsoleta durante a Guerra Civil Americana. Nos Estados Unidos, a luta entre o norte e o sul envolveu o uso de trincheiras e armamentos modernos — o que, em vez de acelerar o conflito, tornou-o mais longo e destrutivo, exigindo a mobilização de recursos imensos e envolvendo sociedades inteiras no esforço bélico. Essa foi a primeira "guerra total" da época contemporânea. A Guerra do Paraguai foi a segunda. E ambas prenunciaram, à sua maneira, os conflitos devastadores do século XX.

No acampamento de Tuiuti, os brasileiros abriram uma picada de cerca de 8 metros de largura e mais de 600 metros de comprimento, bem diante dos paraguaios entrincheirados junto à lagoa Piris.

Os brasileiros ou protegiam-se atrás de sacos de areia, ou enfiavam-se em buracos de metro e meio de diâmetro, ou rastejavam, de barriga grudada à terra, para vigiar o inimigo. Enquanto isso, outros paraguaios, empoleirados nos galhos do matagal lá fora ou no alto dos mangrulhos, disparavam.

A picada logo recebeu o apelido de Linha Negra, ou Linha da Morte. Não era escura, mas fatalmente clara. De dia, o sol dardejava sobre os soldados, pois as árvores que não foram cortadas pelo machado tinham sido esgarçadas pelo tiroteio. À noite, o constante disparo dos fuzis espalhava clarões sinistros.

Aquela era a área mais mortífera do acampamento de Tuiuti. Os homens designados para guardar a picada tinham de medir seus movimentos para não chamar a atenção do inimigo. Às vezes, algum oficial, por distração, deixava a espada arrastar na terra: o ruído delatava sua posição, e um tiro logo o derrubava. Outras vezes, quando os cabos se reuniam para comer, um disparo virava o prato ou abatia um dos comensais. À noite, se alguém queria fumar, tinha de esconder bem o lume para não ser alvejado pelos atentos atiradores adversários. As posições inimigas estavam tão próximas que os brasileiros ouviam os paraguaios conversar em guarani.

Adormecer na picada também era um perigo de morte, pois, às vezes, em noites de chuva ou tempestade, um paraguaio mais arrojado deslizava em silêncio pela terra devastada, cuidando para não quebrar nenhum galho, e de súbito atacava os sentinelas incautos, a golpes de espada ou baioneta. Mas havia soldados sertanejos que jamais caíam no sono: acostumados a caçar de noite, percebiam a aproximação do inimigo e o recebiam com um tiro à queima-roupa.

Entre os paraguaios, havia um atirador cuja mira diabólica logo lhe rendeu fama terrível na trincheira aliada. Disparava do alto das árvores, oculto pelos galhos. Alguns brasileiros o haviam avistado e garantiam que era negro. Matara muitos aliados e tinha preferência por alvejar oficiais.

Um dia, o alferes Dionísio estava de serviço na Linha da Morte com seu amigo piauiense, o capitão Antônio Lopes Sobrinho, exímio caçador que "atirava como um jagunço".[6] Conversavam, andando pela picada, quando um disparo atingiu o chão e os cobriu de terra.

"É hoje que tu me pagas!", exclamou o capitão, correndo para apanhar a clavina. Seus olhos de caçador vasculharam as sombras da mata. Deteve-se: avistara o atirador. Era o paraguaio legendário. Estava no alto de uma árvore, por trás de um galho folhudo, apontando a espingarda.

Seguiu-se um duelo de nervos. O sertanejo não titubeou: em vez de se esconder, ergueu a clavina e dormiu na mira. No mesmo instante, o paraguaio sumiu atrás do galho. Antônio não se mexeu. Esperou, impassível, até que a cabeça do paraguaio apareceu, pela metade, no fundo da ramagem. Houve um estampido, um estraçalhar de galhos, um baque na poeira.

O duelo acabara. O jagunço tinha vencido.

A VIDA NAS TRINCHEIRAS

"A única coisa insuportável é que nada é insuportável", teria dito certa vez o poeta francês Arthur Rimbaud. Aos poucos, os soldados brasileiros iam se tornando insensíveis ao horror das trincheiras. Adormeciam ao som das granadas e já não se impressionavam quando um tiro de morteiro rasgava a barraca e furava os travesseiros. Habituaram-se à variada sonoridade das balas. Algumas pareciam soltar gemidos humanos; outras, imitar miados, gorjeios de pássaros ou súbitas chibatadas. Algumas eram roucas e pesadas, outras, finas e velozes. Todos os tipos matavam. E a própria morte já lhes parecia um destino indiferente. Muitos haviam perdido qualquer esperança de voltar para casa e acreditavam que ficariam ali para sempre, entre os banhados e os matagais.

A familiaridade com a morte os levava a bravuras tresloucadas, o que às vezes resultava em cenas cômicas no meio da matança. Relata Joaquim Pimentel que, certa vez, quatro soldados pediram licença para jogar cartas. Achando que seria uma crueldade lhes negar esse passatempo, o capitão assentiu. Os quatro abriram uma manta de lã sobre a relva e se puseram a jogar com um baralho velho e ensebado. Um sentinela paraguaio, no alto de um mangrulho, avistou o grupo e começou a disparar. As balas zuniam sobre a cabeça dos brasileiros, mas nenhum se mexeu: acreditava-se que dava má sorte mudar de lugar durante o jogo. De repente, um disparo estraçalhou a carta nas mãos de um dos jogadores, sem lhe acertar os dedos. O dono do baralho, furioso, ergueu-se de um salto, trepou no alto da trincheira e berrou a plenos pulmões:

"Canalhas do diabo! Não veem que aqui tem gente?"

Vários tiros simultâneos responderam ao xingamento, mas o brasileiro desceu incólume:

"Não há mais jogo", disse. "Não temos mais baralho."

Entediados pela vida no acampamento, muitos soldados expunham-se a arriscadas bravatas na Linha da Morte, atiçando o perigo, em brincadeiras cada vez mais extremas. O alferes

Dionísio, que na época comandava um piquete, não escapou ao padrão. Certa vez, em janeiro de 1867, um amigo observou que a trincheira paraguaia, embora tão próxima, era completamente desconhecida. Dionísio respondeu, por fanfarronice, que um dia caminharia até a posição paraguaia. Os amigos sorriram, irônicos e incrédulos.

"Vocês verão", disse Dionísio.

Alguns dias depois, Dionísio estava na trincheira, trocando tiros com os paraguaios. Era meio-dia quando o alferes ordenou que seus soldados cessassem fogo. Amarrou um lenço branco no sabre-baioneta e o ergueu por cima do parapeito. Na trincheira paraguaia, o fogo também cessou. Dionísio trepou no parapeito e avistou um sentinela paraguaio encostado a uma árvore.

"¿Puedo ir allá?", gritou Dionísio em um arremedo de espanhol que, em suas palavras, "Cervantes não aplaudiria".

Logo surgiram outros paraguaios na trincheira adversária — entre os quais um homem alto, de pele morena e grandes bigodes grisalhos. Era o comandante.

"Sí, *puedes venir*", disse.

Antes de transpor a trincheira, Dionísio disse ao sargento que o acompanhava:

"Esteja atento; não me deixes cair vivo nas mãos daquela gente."

Atravessou os duzentos passos que o separavam do inimigo. O comandante paraguaio ordenou, em espanhol:

"Deixa teu sabre."

Dionísio sacou a espada — a mesma que havia encontrado na frente da barraca durante a Batalha de Tuiuti — e a fincou no chão. Adiantou-se, desarmado, e entrou pela abertura da trincheira, que era feita de troncos e terra. Atrás, havia um terrapleno. O comandante bigodudo lhe pôs a mão calosa no ombro e perguntou, em tom amigável:

"O que vieste fazer aqui?"

"Nada. Vim te visitar", respondeu Dionísio.

"Senta-te, então."

Dionísio sentou-se num tronco de pau-ferro, planta que naquela região é chamada *urunday*. Soldados paraguaios o cercaram, curiosos, mas ainda hostis. Outros apareceram atrás das árvores. O comandante continuava afável. Abraçou o inimigo e o convidou a ficar por ali.

"Que esperança!", respondeu Dionísio, sorrindo. "Tu é que deves ir comigo." Garantiu-lhe que, no acampamento aliado, os fugitivos paraguaios eram bem recebidos. "Dizem que vocês, aqui, são muito maltratados, que o López é terrível... Vem comigo; traz tua gente e serás bem recebido."

O comandante o fitou com um misto de surpresa e benevolência. Quatro décadas mais tarde, Dionísio recordaria nitidamente aquele olhar paternal. Ficou pensando que o paraguaio talvez tivesse um filho e que talvez o recordasse naquele momento.

"Nós somos soldados, como tu, e a honra nos ordena morrer pela pátria", disse o paraguaio. "Tu és muito jovem. Vai embora."

"*Tienes razón, amigo*", respondeu Dionísio.

Separaram-se. Antes, contudo, Dionísio deu de presente ao paraguaio um cachimbo de espuma do mar e um lenço de seda amarela — seus pertences mais valiosos. O velho comandante tirou da cintura uma faca com bainha de ouro e cabo de osso, guarnecida de prata. Estendeu-a ao baiano, que também ganhou um pacote de couro cheio de erva-mate.

Dionísio voltou a sua trincheira, pensativo. Percebeu que o comandante paraguaio correra grande risco ao deixá-lo sair ileso. Anos depois, ao relatar o episódio em suas memórias, especulou: "Quem sabe o nobre velho não foi fuzilado naquele mesmo dia, por ter me poupado?".

Em julho de 1867, após uma mudança de estratégia por parte dos aliados (conforme veremos no próximo capítulo) e catorze meses de tédio, doenças, sede e morticínios, uma onda de alegria se espalhou pelos soldados brasileiros: chegara a notícia de que o general Osório voltaria ao combate. Depois de passar um tempo no Brasil, havia desembarcado em Itapiru. Os soldados saíram de Tuiuti para ver seu legendário líder: aproximavam-se de sua tenda, olhavam-no com reverência e então retornavam. Osório, contudo, não voltava para comandar todas as tropas brasileiras em terra paraguaia. Vinha à frente do 3º Corpo do Exército, com cerca de 5 mil homens, que havia reunido no Rio Grande do Sul. Desde 19 de novembro de 1866, o comandante em chefe das forças brasileiras era o marquês (e futuro duque) de Caxias. Sob seu comando, no fim de julho de 1867, os brasileiros finalmente desfizeram as barracas e abandonaram os areais de Tuiuti.

Após a grande pausa, as tropas estavam novamente em marcha. E seu objetivo era a formidável fortaleza de Humaitá, nas margens do rio Paraguai, a defesa final entre os invasores e Assunção.

NOTAS

1 | A Lei Áurea, lei imperial sancionada pela princesa Isabel que extinguiu a escravidão no Brasil, data de 13 de maio de 1888.
2 | Pouco mais de 9 metros.
3 | Doratioto, p. 207.
4 | Idem, p. 210.
5 | Vestimenta formada por um couro sovado que cobre apenas uma perna, caindo até abaixo do joelho, e ligado a uma espécie de cinto. É usado por laçadores para proteger a coxa quando o animal puxa o laço.
6 | Cerqueira, 1948.

4.
"E ELE CUMPRIU A PROMESSA": DOM BARTOLO EM IATAITÍ-CORÁ

O menino de 10 anos teria se afogado naquela tarde se não houvesse encontrado, à beira do rio, seu futuro inimigo.

Foi num verão, por volta de 1831, em um descampado várias léguas ao sul de Buenos Aires, às margens do rio Salado. Havia chovido muito, e a corrente era avolumada. O menino trabalhava em uma estância nas redondezas, mas não conhecia bem a região. Seu patrão tinha lhe ordenado que levasse uma mensagem ao outro lado do rio. O garoto procurou um ponto em que as águas fossem menos caudalosas; pensando ter avistado um passo, foi naquela direção com seu cavalo.

De repente, apareceu um *gaucho* a cavalo, montando com muito garbo e em ótimos arreios. Era um homem forte, atarracado, beirando os 40 anos.

"Gurizinho, o que vais fazer?"

"Vou cruzar o rio, *señor*."

"Por aí não, criatura; vais te afogar." Em seguida, esporeou o cavalo e ordenou: "Vem atrás de mim."

Seguiram juntos por alguns quilômetros, costeando o rio.

"Este aqui é o passo mais seguro", disse o homem mais velho. "Agarra-te bem nas crinas do teu cavalo e vai devagar, mas toma cuidado pra não errares no caminho de volta."

"*Gracias, señor*", disse o menino.

Antes de se despedirem, o experiente cavaleiro perguntou de onde vinha o mocinho.

"Da estância de Don Gervasio Rosas."

"Ah!", fez o homem. "Diz ao Gervasio que o irmão dele lhe envia este recado: que não se comporte como um bárbaro, porque mandar uma criatura como tu cruzar o rio Salado após a chuva é cometer um assassinato. E também manda minhas saudações."

"Vou mandar, *señor*", disse o menino, e os dois se separaram.

O menino que por pouco não morreu nas águas do rio Salado era Bartolomé Mitre. O *gaucho* que o salvou do afogamento não era outro senão o então governador da província de Buenos Aires, Juan Manuel Rosas, que, dali a alguns anos, se tornaria ditador, no período em que o país foi chamado de Confederação Argentina. Rosas pertencia ao Partido Federalista, que defendia a autonomia das províncias em relação à capital e contava com grande popularidade entre os caudilhos do interior. Os federalistas eram aliados tradicionais dos blancos uruguaios, contrários à hegemonia brasileira no Prata — e, mais tarde, apoiadores do regime de Solano López. Já o menino Mitre haveria de encarnar, um dia, o polo antagônico da política argentina. Seria um dos maiores nomes do Partido Unitário, defensor da unidade nacional, paladino da autoridade de Buenos Aires e menos avesso à influência brasileira. Mas, naquele dia, no descampado, Mitre e Rosas eram apenas dois cavaleiros assimétricos procurando o melhor lugar para atravessar um rio.

Bartolomé Mitre nasceu na capital argentina em 1821, em uma família de recursos modestos. Seu pai, Ambrosio, queria que o filho se tornasse estancieiro — na época, a carreira mais promissora na Argentina. Mas, para segui-la, era preciso saber pelo menos andar a cavalo e lidar com o gado — artes que não se aprendiam nas ruas de Buenos Aires, e sim nas fazendas e ranchos do sul. Por isso, Ambrosio entrou em contato com seu amigo Gervasio Rosas, que tinha uma grande estância chamada Rincón de López, na margem sul do rio Salado. Bem diferente do irmão Juan Manuel, Gervasio era um homem culto, inclinado ao liberalismo filosófico, e tinha uma razoável biblioteca em sua casa de estância. Vendo que o rapazinho portenho gostava de ler, deixou que pegasse emprestados alguns livros — mas apenas nas horas vagas. Decidido a transformar aquele menino urbano num peão, fazia-o realizar as tarefas mais extenuantes: erguer currais com estacas de madeira, plantar árvores, abrir valas na terra. O menino logo aprendeu a domar mulas e cavalos bravios. Tornou-se um exímio ginete e chegou a dominar as duras perícias do laço e das boleadeiras.

Porém, sempre que tinha oportunidade, Bartolomé jogava-se à sombra de uma árvore e começava a ler. Aos poucos, a paixão livresca o levou a negligenciar as obrigações de aprendiz rural. Don Gervasio começou a achar que o rapaz já estava abusando de sua biblioteca e o repreendeu diversas vezes, mas foi inútil: Bartolomé não largava os livros. O estancieiro convenceu-se de que o pequeno portenho não servia para capataz nem peão e que seu destino estava bem longe dos trabalhos rústicos do campo. Chamou um amigo e pediu que levasse o menino de volta a Buenos Aires, com este famoso recado: "Faça-me o favor de devolver o jovem Mitre a seu pai; porque é um cavalheirinho que não serve para nada; sempre que vê uma sombra, desce do cavalo e começa a ler".

AS AVENTURAS DANTESCAS DE BARTOLOMÉ MITRE

O *cavalheirinho*, na verdade, haveria de servir para muita coisa: nas décadas seguintes, tornou-se um guerreiro destemido e um político poderoso. Mas nunca largou os livros. Poliglota, lia em inglês, francês, italiano e latim. Antes de se alçar à liderança política, destacou-se como orador e jornalista e fez contribuições importantes à literatura argentina. E foi sob sua liderança que a Argentina se unificou na forma que tem até hoje.

Desde que se tornara independente da Espanha, em 1816, a Argentina passara por diversas tempestades políticas: os federalistas queriam manter a autonomia das províncias, e os unitários queriam um governo central. Após uma série de governos constitucionais, teve início a ditadura de Rosas em 1832. Os unitários foram perseguidos, mortos e expropriados. Na época, a família de Mitre estava vivendo em Montevidéu, onde tinham parentes. Ligados ao Partido Unitário, os Mitre não poderiam voltar à terra natal enquanto Rosas estivesse no poder. Durante anos, Bartolomé vagaria pelo exílio, numa existência aventurosa, cheia de intrigas políticas, correrias bélicas e leituras clássicas.

No Uruguai, Mitre estudou na Escola Militar, trabalhou pela primeira vez em um jornal e ligou-se ao Partido Colorado — cujo líder, Frutuoso Rivera, era um aliado tradicional do Império brasileiro. Mitre tornou-se alferes na milícia de Rivera e participou da Batalha de Cagancha, contra as forças de Rosas, que invadiram o Uruguai em 1839. Foi também em Montevidéu, aos 17 anos, que Mitre encontrou uma das paixões de sua vida: *A divina comédia*, de Dante Alighieri. Como outros jovens argentinos de sua geração, Mitre era admirador do revolucionário Giuseppe Mazzini, herói da unificação italiana. Seu entusiasmo pela literatura produzida na Itália ligava-se ao ímpeto de fazer na América do Sul o que Mazzini e Garibaldi fizeram na Europa. Além disso, Dante também foi um exilado político, e Mitre decerto se identificava ao ler estes versos da *Divina comédia*, em que o poeta florentino resume a experiência essencial dos desenraizados:

> *Tu deixarás atrás tudo o que mais amaste:*
> *do arco do exílio, eis a primeira seta, e a chaga.*
> *Do pão alheio provarás o sal amargo;*
> *e saberás como é difícil ir e vir*
> *pelos degraus de alheia escada.*[1]

Em 1846, Mitre foi trabalhar como técnico de artilharia no Exército boliviano. Lá, começou um projeto a que se dedicaria por décadas, através de guerras, fugas e revoluções: a tradução de *A divina comédia*. Foi o primeiro argentino a se arriscar nessa empreitada dificílima — e o fez com o fervor de um tradutor profissional, mantendo o mesmo número de linhas, o esquema de rimas e a métrica dos versos. Fez isso nos intervalos de combates e escapadas, enquanto percorria o mapa da América do Sul e se envolvia em intermináveis confusões políticas, que muitas vezes quase o enviaram ao além.

Mitre retornou à Argentina em 1853, após a queda de Juan Manuel Rosas — que foi derrotado na Batalha de Monte Caseros por uma aliança entre o Brasil, os colorados uruguaios e o caudilho argentino Justo José de Urquiza. No entanto, as desavenças entre unitários e federalistas continuaram. Em 1852, a província de Buenos Aires se separou do restante da Confederação Argentina, e os dois lados entraram em guerra. No ano seguinte, durante um combate nas cercanias de Buenos Aires, Mitre foi atingido por uma bala de fuzil na testa e quase morreu. A ferida lhe deixou uma cicatriz em forma de estrela, que ele costumava cobrir com um chapéu de copa alta, do tipo que os argentinos chamam de *chambergo*. Com o tempo, ganhou o apelido de Don Bartolo.

Os gostos literários sublimes não impediam Mitre de ser implacável com os inimigos. Em 1861, já chefe supremo dos unitários, espalhou o domínio portenho pelo interior argentino a golpes de baioneta. Em 22 de novembro, derrotou as forças federalistas na Batalha de Pavón, que marcou a vitória de Buenos Aires sobre a Confederação Argentina. "Don Bartolo" foi eleito presidente da Argentina unificada, mas continuou enfrentando rebeliões nas províncias e contratou o uruguaio Venancio Flores para comandar as tropas leais a Buenos Aires. Em 22 de novembro, Flores derrotou uma tropa insurgente num lugar chamado Cañada de Gómez e, segundo o historiador José Maria Rosa, mandou degolar muitos prisioneiros. Entre os sobreviventes, estava o federalista José Hernández, futuro autor do clássico argentino *Martín Fierro* — escrito como denúncia às políticas unitárias. A unificação da Argentina deu início a um período de grande prosperidade e, no fim do século XIX, o país era um dos mais ricos do mundo.

Enquanto isso, Bartolomé Mitre continuava traduzindo Dante. Durante seu período na presidência, enviou um manuscrito da tradução a um leitor especialíssimo: dom Pedro II. O republicano argentino pediu que o erudito soberano opinasse sobre sua jornada poética do Inferno ao Paraíso, e o imperador cumpriu-lhe o desejo, enviando o calhamaço de volta a Buenos Aires com observações anotadas de próprio punho. Em 1880, Mitre publicou parte de sua tradução sob o título de *El Infierno del Dante*. A bela introdução escrita pelo próprio Mitre mostra como o terrível inimigo dos federalistas primava pela reflexão poética e pela elegância de estilo:

> *Uma tradução, quando boa, é para seu original o que um quadro copiado é para a natureza animada, em que o pintor, por meio do artifício das tintas de sua paleta, procura lhe dar o colorido da vida, já que não pode lhe imprimir seu movimento. Quando uma tradução é ruim, equivale a transformar uma espada de Toledo em um espeto de churrasco, ainda que se lhe ponha uma empunhadura de ouro.*

Ao longo da vida, Mitre também traduziria obras de Horácio, Longfellow, Byron e Victor Hugo. O manuscrito rabiscado por dom Pedro II se encontra hoje no Museu Mitre, na capital argentina.

A proximidade a dom Pedro II não era apenas literária. Ao contrário de muitos políticos argentinos na época, Mitre tinha simpatias pelo Império. Embora condenasse a escravidão, acreditava que o Brasil tinha instituições liberais que mereciam elogio e que "deixam atrás muitas de nossas repúblicas". Quando as tensões entre o Paraguai e o Brasil começaram a crescer, Mitre inicialmente se manteve neutro — seria perigoso colocar-se logo ao lado do Império, pois o Brasil era detestado nas províncias de Entre Ríos e Corrientes, onde a população falava guarani e era culturalmente mais próxima dos paraguaios. Já em 1864, porém, Mitre permitiu que o Império instalasse espiões em território argentino, na fronteira com o Paraguai, para observar as movimentações de Solano López. Além disso, ajudou e financiou seu antigo aliado Venancio Flores, que liderava uma revolução contra o governo blanco do Uruguai — e os blancos, como já vimos, eram aliados de López. A invasão paraguaia a Corrientes em 1865 acabou resolvendo o assunto, e Mitre se aliou ao Brasil. Como num afago ao amigo argentino, a diplomacia brasileira aceitou que Mitre fosse o generalíssimo das tropas aliadas nas operações em território paraguaio.

No início do canto III de *El Infierno del Dante*, Bartolomé Mitre assim traduz a inscrição que as almas danadas liam sob os portais do submundo:

Antes de mí, no hubo jamás crianza,
si no lo Eterno: yo por siempre duro.
¡Abandona al entrar toda esperanza![2]

Os versos poderiam servir de epígrafe à guerra em que Bartolomé Mitre, Venancio Flores, Solano López e dom Pedro II lançaram seus países em 1864: um conflito que, para milhares de pessoas, foi a visão do Inferno sobre a terra.

MITRE NO PARAGUAI

Apesar da simpatia que Mitre nutria pelo Império, a maioria dos oficiais brasileiros não lhe retornava a gentileza. As disputas entre portugueses e espanhóis, na época colonial, foram transmitidas aos países sul-americanos após a independência e continuavam vivas na época da Guerra do Paraguai. Alguns oficiais brasileiros se ressentiam por terem de seguir as determinações do general argentino — e, sempre que podiam, o contrariavam ou, ao menos, demoravam para obedecer. Quando uma estratégia dava errado, os militares de um lado colocavam a culpa nos do outro; e alguns brasileiros chegavam a pensar que os argentinos conspiravam de alguma forma para prejudicá-los durante a guerra. Após a saída temporária de Osório — o oficial brasileiro mais amigável com argentinos e uruguaios —, as desavenças entre os aliados se agravaram e quase levaram ao colapso da campanha na segunda metade de 1866.

Entre julho e agosto daquele ano (enquanto o alferes Dionísio Cerqueira entediava-se em Tuiuti com o 1º Corpo do Exército imperial, um ano antes da volta do general Osório), reforços chegaram do Brasil sob o comando do barão de Porto Alegre — o mesmo que se desentendera com Mitre diante de Uruguaiana. O 2º Corpo do Exército desembarcou em Itapiru com 10.160 soldados, inclusive uma brigada de cavalaria, com 1.750 homens montados. Em 18 de agosto, reuniu-se o Conselho de Guerra da Tríplice Aliança. Até então, a estratégia dos aliados fora romper a frente paraguaia, avançando pelo coração do país. Mas, após vários meses de paralisia, os chefes aliados decidiram flanquear os paraguaios pela esquerda, subindo pelo rio Paraguai.

Inicialmente, o sistema defensivo paraguaio era formado por quatro fortes, espalhados entre a confluência dos rios Paraná e Paraguai, ao sul, até o rio Tebicuary, ao norte: Itapiru, Curuzu, Curupaiti e Humaitá. Itapiru foi tomado logo após a invasão aliada. Já Curupaiti e Humaitá dominavam, com sua artilharia, o caminho fluvial para Assunção, protegidos por matas cerradas, pântanos, charcos, lagoas. Era muito difícil alcançá-los por terra. Curuzu era o mais vulnerável dos fortes paraguaios, e por isso os aliados decidiram atacá-lo pelo rio.

A tarefa coube ao 2º Corpo do Exército brasileiro, sob o comando do barão de Porto Alegre. Contudo, antes mesmo de começar a operação, Porto Alegre deixou clara sua implicância com Mitre. Após receber uma carta com instruções do general argentino, respondeu que, durante o ataque a Curuzu, tomaria suas decisões sozinho e, "concluída a operação, darei conhecimento do resultado imediatamente a vossa excelência".[3] Ou seja: faria o que bem entendesse e só depois daria explicações. O tom petulante da mensagem fez com que Mitre reunisse o Conselho de Guerra em 28 de agosto: ameaçou deixar o posto de comandante em chefe se Porto Alegre insistisse em agir de forma autônoma, sem comando superior.

Por um instante, a Aliança esteve prestes a ruir. Mas os ânimos terminaram por se acalmar, e a operação seguiu em frente.

O forte de Curuzu era formado por uma vala defensiva e uma muralha de terra, onde se posicionavam atiradores e canhões, e protegido, à esquerda, por uma lagoa. No dia 3 de setembro, a esquadra brasileira vomitou bombas sobre a trincheira paraguaia, enquanto os soldados comandados pelo barão de Porto Alegre desembarcavam em um canal do rio, atrás do forte, e avançavam lagoa adentro, com água quase até o pescoço. Assim chegaram à retaguarda dos paraguaios, que, pegos de surpresa, bateram em retirada rumo a Curupaiti.

A queda do forte levou desalento às linhas paraguaias. Agora, havia apenas duas fortificações entre os aliados e Assunção. Quanto ao batalhão paraguaio que fugira de Curuzu, López o condenou ao velho castigo da *dizimação*, praticado desde os tempos do Império Romano — a palavra, aliás, vem do latim *decimatio*. Os soldados foram alinhados, ombro a ombro, e um oficial percorreu a fileira, contando até dez. O décimo soldado era retirado da linha, e a contagem prosseguia, sempre de dez em dez, até o fim do batalhão. Os soldados separados foram logo fuzilados. Já os oficiais foram obrigados a sortear palhas: os que pegaram as mais curtas tiveram o mesmo destino.

Entre os aliados, a vitória em Curuzu gerou euforia. Em Tuiuti, Mitre anunciou que partiria com 9 mil argentinos e doze canhões para reforçar a tropa de Porto Alegre. Juntos, atacariam Curupaiti, com apoio da esquadra. Enquanto isso, o 1º Corpo do Exército brasileiro continuaria em Tuiuti, mantendo a posição defensiva.

Ao receberem essa notícia, Tamandaré e Porto Alegre ficaram furiosos. Os dois oficiais eram primos, haviam combatido os argentinos na Guerra da Cisplatina (1825–28) e instigavam-se mutuamente na antipatia pelo velho inimigo. Após a conquista de Curuzu e com a esperança de dominar Curupaiti em breve, não queriam dividir com o argentino os louros da vitória. Porto Alegre enviou uma carta a Mitre, protestando contra o plano e dizendo que poderia atacar Curupaiti apenas com o auxílio da esquadra. Na mesma carta, Tamandaré colocou um pós-escrito: "Protesto contra a posição secundária a que pelo plano de operações ficam reduzidos os generais brasileiros, comandantes dos dois Exércitos [Marinha e forças terrestres]". Venancio Flores apoiou o argentino, dizendo que era hora de colocar o plano em prática, e não de discutir os pormenores.

Àquelas alturas, Mitre estava irritadíssimo com a teimosia de seus desafetos brasileiros. Em uma carta escrita em 1866, o argentino fala de um conluio entre Tamandaré e Porto Alegre para controlar os rumos da guerra — o que seria uma catástrofe em sua opinião, pois os considerava incompetentes incorrigíveis:

> *São primos, e primos até na falta de juízo, e fizeram um pacto de família para monopolizar, de fato, o comando da guerra, tomando o primeiro o mando de todo o Exército de terra para subordiná-lo às operações da Esquadra. Tenho razões para crer que se Polidoro [que recém substituíra Osório no comando do 1º Corpo do Exército brasileiro] pede demissão ou fica doente, tem instruções para passar o comando dos dois exércitos a Porto Alegre. É impossível imaginar uma nulidade militar maior que esse general, ao que se acrescenta a má influência dominante sobre ele de Tamandaré e o espírito negativo de ambos em relação aos aliados, devido a paixões e interesses mesquinhos.*[4]

Em outro trecho da correspondência, o general argentino demonstra que sua paciência estava quase chegando ao fim: "Apesar da firmeza tranquila com que vejo essas criancices, pode haver a ocasião em que as coisas não ocorram tão tranquilamente".

Enquanto os chefes aliados discutiam, maldiziam-se e trocavam mensagens azedas, os paraguaios corriam contra o tempo para impedir o golpe final. Ao receber a notícia, provavelmente de um espião, de que os argentinos estavam prestes a partir em direção ao norte, López exclamou: "As coisas não poderiam ter um aspecto mais diabólico". Estava convencido de que, se a próxima linha paraguaia caísse, a derrota seria certa. Por isso, resolveu seguir o conselho do inglês George Thompson — que comandara a construção da trincheira paraguaia junto à Linha Negra em Tuiuti. Ele havia sugerido a construção de uma vala para proteger Curupaiti pelo lado da terra, e o trabalho na nova trincheira começou na tarde de 8 de setembro. Grupos de soldados, sob as instruções de Thompson, começaram a cortar árvores num bosque próximo e a construir novas plataformas para canhões, enquanto outros escavavam a grande vala — trabalho árduo, porque a terra ao redor do forte era muito dura. A partir daí, os paraguaios seguiram trabalhando dia e noite sem parar. Mas não conseguiam avançar rápido o suficiente: o ataque aliado estava programado para dia 16, dali a uma semana. O tempo era curto demais.

Então, em 10 de setembro, López tomou uma decisão inesperada. Enquanto os oficiais brasileiros atormentavam Mitre com protestos e reclamações, o marechal paraguaio decidiu chamar o argentino para conversar.

Não se sabe ao certo a origem desse plano, nem mesmo sua intenção central. De acordo com alguns historiadores, teria sido Elisa Lynch quem sugeriu a López que buscasse um encontro com Mitre para tentar obter um acordo de paz. Já o coronel Juan Crisóstomo Centurión garante que o convite era apenas um subterfúgio:

> *Temendo que os trabalhos não ficassem prontos antes que o inimigo fizesse um novo ataque, embora todo o pessoal da guarnição trabalhasse dia e noite, o Mariscal recorreu habilmente a um ardil, que revelava sua sagacidade e sua astúcia, a fim de ganhar tempo para levar a cabo a nova fortificação de Curupaiti, propondo ao General Mitre uma conferência com o objetivo ostensivo de procurar meios conciliatórios que dessem término à luta.*

Já era quase noite quando López decidiu enviar um mensageiro a Mitre. Meia hora após o pôr do sol, os sentinelas nas linhas avançadas argentinas avistaram um piquete paraguaio que cruzara o arroio Sauce e se aproximava de Tuiuti, pelo nordeste. Espetada numa lança, tremulava uma bandeira branca. Junto ao piquete vinha um corneteiro fazendo soar o "toque de atenção". Era sinal de que o inimigo queria parlamentar. Mesmo assim, os argentinos dispararam — talvez por terem sido pegos de surpresa; talvez porque, à hora crepuscular, não fossem permitidos quaisquer contatos com os inimigos, nem mesmo com bandeira branca. O oficial de sentinela foi imediatamente relatar o ocorrido a

Bartolomé Mitre, que condenou os disparos. Mas acrescentou: se Solano López quiser mesmo negociar, enviará outra delegação no dia seguinte.

Mitre estava certo. Em 11 de setembro, pela manhã, López ordenou que o capitão Francisco Martínez, um de seus mais estimados ajudantes, voltasse ao acampamento argentino. Dessa vez, os soldados aliados o deixaram passar. É possível que, na segunda visita a Tuiuti, Martínez tenha preferido se apresentar nas linhas brasileiras, já que os argentinos o haviam tiroteado na noite anterior. Dionísio Cerqueira, que estava em Tuiuti na época, relata a cena:

> A princípio de setembro de 1866, formava-se um grupo de curiosos nas cercanias do quartel-general do general Polidoro. Meu acampamento era próximo.
> Fui saber da novidade.
> Um oficial paraguaio, capitão se bem me recordo, de olhos vendados, cavalgando num formoso cavalo tordilho rodado, encaminhava-se sob a guarda de um piquete de nossa cavalaria para a tenda do comandante do exército brasileiro. Era um parlamentário do Ditador. O general Polidoro fê-lo ir ao general Mitre, comandante em chefe dos aliados.

Chegando à barraca do generalíssimo, Martínez lhe transmitiu as saudações de López e lhe entregou uma mensagem. Mitre quebrou o selo e abriu a carta:

> Quartel General em Paso-Pucú, 11 de setembro de 1866. A Sua Excelência Sr. Brigadeiro-General Don Bartolomé Mitre, Presidente da República Argentina e General em Chefe do Exército Aliado. Tenho a honra de convidar Vossa Excelência para uma entrevista pessoal entre as nossas linhas, no dia e na hora que Vossa Excelência indicar. Deus guarde Vossa Excelência por muitos anos.
> Francisco S. López

Após ler a carta, Mitre foi ao quartel-general brasileiro, onde se reuniu por meia hora com Venancio Flores e Polidoro da Fonseca. Polidoro disse que não se opunha a uma conversa particular entre Mitre e López, embora o Tratado da Aliança estipulasse que nenhum dos lados poderia negociar a paz separadamente com o presidente paraguaio. Deixou claro que considerava o encontro inútil, mas não se opôs a sua realização, e se comprometeu em ordenar um cessar-fogo às tropas brasileiras. Flores, além de duvidar que a entrevista servisse a algum fim prático, mostrou-se desconfiado: por que diabos López se daria ao trabalho de abandonar seu quartel-general e vir em pessoa?

Em seguida, mandaram chamar o oficial paraguaio, que retornou ao quartel-general em Paso-Pucú com a seguinte resposta assinada pelo generalíssimo argentino:

Ao Exmo. Sr. Marechal D. Francisco S. López, Presidente da República do Paraguai e General em Chefe de seu Exército.
Sede do Exército Aliado, 11 de setembro de 1866.
Tive a honra de receber a comunicação de Vossa Excelência na data de hoje, convidando-me para uma entrevista pessoal entre as nossas linhas no dia e hora acordados.
Em resposta, devo dizer que aceito a entrevista proposta e me encontrarei amanhã às nove horas em frente aos nossos respectivos postos avançados no Passo de Iataití-Corá, levando uma escolta de 20 homens que deixarei na altura da minha linha avançada, seguindo pessoalmente para o terreno intermediário, desde que Vossa Excelência esteja de acordo.
Deus guarde Vossa Excelência por muitos anos.
Bartolomé Mitre

Assim que leu a resposta de Mitre, López enviou uma tréplica, garantindo que "não faltaria à hora indicada". Em seguida, começou a fazer seus preparativos. Convocou seu grupo de confiança: os generais Barrios e Resquín, o bispo Palacios e Elisa Lynch. López não descartava a hipótese de que os aliados tentassem aproveitar a entrevista para capturá-lo — pois sabia que, se caísse nas mãos do inimigo, a guerra estaria acabada. Recomendou que os generais tomassem providências para garantir sua segurança e ordenou que um batalhão de caçadores da guarda — cerca de mil soldados com rifles — ficasse de emboscada em um pastiçal, à beira de uma laguna, nas proximidades do local escolhido.

No campo aliado, não houve anúncio oficial da entrevista naquela noite. Mas, à hora do jantar, Mitre comentou que, no dia seguinte, o líder inimigo talvez aparecesse nas linhas aliadas. A notícia se espalhou rapidamente.

Ao amanhecer do dia 12, os dois generais inimigos se prepararam para conversar frente a frente, pela primeira vez desde o início da guerra.

Bem cedo, em seu quartel-general, Solano López vestiu um traje militar completo: túnica vermelha bordada a ouro, altas botas de granadeiro com esporins, calças de couro branco, luvas, espada dourada e um quepe bordado com insígnias. Era o uniforme de general, posto que ocupava antes do início da guerra; tornara-se marechal depois disso, mas não tivera tempo de encomendar o respectivo uniforme, que só era fabricado na Europa. Por cima do traje militar, vestiu seu poncho favorito, feito de seda, forrado de vicunha e com bordas de ouro. Um estranho detalhe: na gola do poncho, estava bordada em ouro uma pequena coroa imperial brasileira. Acontece que aquele poncho fora um presente do ministro Pimenta Bueno a Carlos Antonio López, na época em que os dois países estavam em termos amigáveis. "Não me deixava de admirar que, tendo tanta predisposição contra o Império, o marechal não tenha mandado arrancar aquela coroa imperial da gola", escreveria o tenente Juan Crisóstomo Centurión, anos depois. López, pelo visto, realmente gostava daquele poncho.

O *Supremo* foi conduzido às trincheiras em uma carruagem de quatro rodas e ali montou seu cavalo favorito, um baio chamado Mandiyú. E seguiu em frente, acompanhado por vinte homens do esquadrão dos dragões, vestidos com as camisas vermelhas usadas em combate. Além disso, havia trinta oficiais vindos do quartel-general, entre os quais Benigno, Venancio López e o coronel Juan Crisóstomo. O bispo Palacios e Elisa Lynch ficaram em Paso-Pucú.

Ao atravessar a trincheira, López pediu que trouxessem um chifre com água do estero vizinho. À água, misturou uma dose de conhaque. George Thompson, que estava na comitiva, teve a impressão de que López estava nervoso e bebia para se acalmar. Thompson não simpatizava com o patrão e, mais tarde, haveria de acusá-lo de covardia, por não se expor ao perigo junto aos soldados. Já o coronel Juan Crisóstomo — que, em suas memórias, geralmente defende López — garante que *el Mariscal* estava perfeitamente calmo antes de chegar a Iataití-Corá. Seja como for, López bebeu seu conhaque e seguiu em frente.

Desde que se espalhara a notícia da reunião, houve um mútuo cessar-fogo entre as linhas inimigas. Naquela manhã, em Iataití-Corá, não se ouviam fuzilamentos nem canhoneios. Os soldados aliados se aproximavam da vanguarda paraguaia para conversar. Pela primeira vez em muito tempo, renascia a esperança da paz. Os rumores desse encontro haviam chegado a Itapiru com acréscimos e exageros; e a notícia alcançou a Argentina de forma exacerbada. Um jornal em Corrientes chegou a publicar: "López oferece a rendição incondicional de seu Exército e diz que está pronto a se retirar e entregar o destino do país à Aliança".

Por volta das 9 horas, López chegou ao local designado. Poucos minutos depois, viu uma figura semelhante a Dom Quixote avançando num cavalo escuro. Era Mitre, que se vestira com simplicidade para o encontro: um casaco com cinturão branco, donde pendia a espada, e um velho e modesto chapéu de feltro com abas largas e copa alta. Junto a Mitre, seguiam quatro batedores e um piquete de vinte lanceiros em esplêndidas montarias.

Ambas as escoltas se detiveram a cem passos de distância. Os dois generais avançaram sozinhos, até entrecruzar o pescoço de seus cavalos. O *aplomb* napoleônico de López contrastava com o ar quixotesco do argentino. "A postura de Mitre sobre o cavalo não era nada elegante; parecia mais um domador que incita a montaria, ou seja, com as pontas dos pés enfiadas para dentro", relembrou mais tarde Centurión. "Era notável o contraste que fazia ressaltar sua figura deselegante junto à imagem altiva de López; eram dois adversários com diferentes ideias e diferentes uniformes; mas ambos com ambições desmedidas, cada um a seu estilo."

Ainda montados, os dois rivais saudaram-se, descobrindo levemente a cabeça. Depois apearam, entregaram os cavalos aos ordenanças e sentaram-se em cadeiras trazidas do quartel paraguaio, junto a uma pequena mesa com material para escrever. A conversa ocorreu ao ar livre, pois a região era deserta, sem qualquer casa ou rancho à vista. Havia apenas um pequeno bosque de palmeiras, cercado por pastos. Iniciaram falando sobre amenidades. López perguntou pela saúde de Mitre e comentou educadamente que o argentino não mudara desde a última vez que se encontraram. Os dois líderes haviam se conhecido em Buenos Aires, em 1855, quando López voltava de sua viagem à Europa com Elisa Lynch. Na ocasião, haviam conversado sobre a língua guarani, assunto que o argentino poliglota achava sumamente interessante. Mitre retribuiu a cortesia, garantindo que López também mudara muito pouco, e acrescentou que recebera com grande prazer o convite para parlamentar.

Enquanto os líderes conversavam, alguns dos oficiais paraguaios se aproximaram dos argentinos amigavelmente. Nessa ocasião, conversando com os ajudantes de Mitre, o general Barrios, genro de López, elogiou a coragem dos soldados argentinos e, ao se despedir, disse: "Tudo que nós, paraguaios, pedimos aos argentinos é que nos deixem sozinhos com os brasileiros, mesmo que eles dupliquem seus exércitos". E acrescentou sorrindo: "*Así serían pan comido*".[5]

Alguns minutos após o início da conversa, López de repente pediu que enviassem suas saudações a Venancio Flores e Polidoro da Fonseca e que ambos fossem convidados para assistir ao encontro. Era um pedido estranho: em sua carta, López dirigira-se apenas a Mitre. Por que agora resolvia chamar os outros dois generais? Talvez seu desejo fosse criar uma situação que dividisse os aliados. Ou talvez pensasse em sondar seus planos, observando-os conversar.

Polidoro declinou, dizendo que a presença de Mitre bastava, pois o argentino era o comandante em chefe de todos os exércitos aliados. O general uruguaio, contudo, cavalgou até o local do encontro e foi apresentado ao presidente paraguaio. Flores era um homem de cabelos volumosos, enorme bigode preto e barbas grisalhas, com trejeitos e expressões típicas dos gaúchos *orientais* (como eram conhecidos os uruguaios). Quase instantaneamente, a animosidade entre López e Flores veio à tona. Nem bem terminaram as saudações, o marechal paraguaio acusou Flores de haver desencadeado o terrível conflito, ao solicitar a intervenção brasileira em Montevidéu, e deplorou que essa invasão havia levado a uma guerra tão sangrenta que agora devastava as três repúblicas, em benefício do Império. Ofendido, Flores replicou que ninguém era mais zeloso do que ele pela independência de sua pátria, que López o insultara gratuitamente e que caluniava seus amigos brasileiros; também acrescentou que a guerra era total responsabilidade do líder paraguaio e que ninguém além de López era culpado pelas consequências. Em algum momento após a altercação, talvez para amenizar o clima hostil, Solano sugeriu que ele e Flores trocassem presentes, como sinal de cortesia.

"Não desejo trocar nada com o *Mariscal*", respondeu Flores secamente.

"Um cigarro?", López lhe ofereceu.

"Fumo os meus!", replicou Flores, num gesto pouco galante, mas que decerto teve o condão de encerrar uma conversa desagradável, pois logo depois o uruguaio se retirou, deixando López e Mitre sozinhos.

O argentino e o paraguaio seguiram conversando pelas cinco horas seguintes, enquanto seus assistentes aguardavam respeitosamente à distância de alguns passos. Durante a conversa, os dois líderes às vezes erguiam-se e caminhavam, às vezes voltavam a se sentar. "Os dois fumavam", recorda Juan Crisóstomo, "e, cada vez que o cigarro de López se apagava, ele voltava a acendê-lo com um isqueiro de ouro muito bem cinzelado — trabalho do ourives Mugica — que levava sempre no bolso".

No início da conversa, segundo um testemunho da época recolhido pelo historiador Julio Chaves, López teria dito a Mitre:

General, minha presença aqui está explicada pelos acontecimentos e pelos deveres que a posição impõe aos homens que dirigem a sorte dos povos e que são responsáveis por suas desventuras. Movi guerra contra o Brasil por acreditar que essa nação não iria se deter no domínio do Estado Oriental e que ameaçava a todos nós. Tinha e ainda tenho a mais alta estima pelo povo argentino e, se houvesse tido mais contato com a pessoa que está à frente de seu governo, muitas diferenças e muitas desgraças teriam sido evitadas; mas não foi isso o que aconteceu. Fiz guerra contra o governo argentino por considerá-lo ligado ao brasileiro na questão oriental. Hoje creio que o sangue derramado seja o bastante para lavar as ofensas com que cada beligerante se ache agravado e considero que podemos fazer com que esta guerra terrível tenha fim, estipulando as condições de uma paz sólida, duradoura e honrosa para todos.

Ao mesmo tempo que mostrava arrependimento por ter começado a guerra, López tentava atrair o argentino para seu lado. Parecia acreditar que, se os brasileiros ficassem sozinhos, poderia derrotá-los com facilidade. O oficial argentino Francisco Seeber, que estava presente no encontro, mais tarde atribuiu a López uma frase semelhante à que o general Barrios havia pronunciado. Segundo Seeber, o marechal teria dito a Mitre: "Se me deixa sozinho com os brasileiros, serão para mim comida digerida".

O presidente paraguaio fez o que pôde para evocar a proximidade cultural entre paraguaios e argentinos, assim como a animosidade das repúblicas platinas contra o Império. Parecia buscar uma saída que não passasse pelos termos do Tratado da Tríplice Aliança. O texto do Tratado, inicialmente secreto, já havia se tornado público: o chanceler uruguaio o fornecera ao governo britânico, que o transcrevera na íntegra em um relatório sobre a situação no Prata, apresentando-o diante do Parlamento em março de 1866. Jornais ingleses então reproduziram o texto, que foi publicado em agosto pelo *El Semanario*, no Paraguai. Ao sentar-se para conversar com Mitre, portanto, López conhecia os termos draconianos do tratado — inclusive a exigência de que o presidente paraguaio se rendesse de forma incondicional e saísse do poder.

Contudo, se López conseguisse alcançar a paz em separado, levando a Argentina e talvez o Uruguai a sair da guerra, a situação militar do Paraguai ficaria menos desesperadora. O Tratado cairia; o Brasil teria de arcar sozinho com o esforço de guerra, que já ia esvaziando os cofres imperiais; e, em médio prazo, o Paraguai tinha chances de inverter o rumo do conflito. Por isso, o *Mariscal* insistia em reviver a velha desavença entre os hispano-americanos e os luso-brasileiros.

"Enquanto o Império se engrandece, a República argentina se debilita", disse, sugerindo que a derrota paraguaia só aumentaria o poder brasileiro, em detrimento de todos os outros países. Assim, a Argentina estaria servindo aos interesses de seu tradicional inimigo, pondo-se contra um povo irmão, pela geografia, pela língua e pelos costumes.

Apesar da desconfiança que os oficiais brasileiros nutriam por Mitre, o general argentino manteve-se fiel ao acordo dos aliados:

Senhor Presidente — respondeu —, como homem de princípios, e como chefe de um povo ilustrado, meus votos e meus esforços estarão sempre ao lado de uma paz honrosa que possa levar aos mesmos resultados que nos vemos obrigados a buscar apelando ao recurso extremo das armas em defesa de nossos direitos. Mas acredita Vossa Excelência que possa oferecer esses resultados à Aliança, nas condições em que nos achamos? Eu, como representante da Aliança neste local, não poderia oferecer a Vossa Excelência outras condições que não sejam as que estipula o tratado... Acredita Vossa Excelência que é possível sairmos do terreno da luta armada?[6]

Com isso, Mitre deixava claro que só haveria paz se os termos do Tratado fossem cumpridos — e se todos os governos aliados concordassem. López replicou que o Tratado fazia exigências inaceitáveis e que era inacreditável que não pudesse haver outro caminho. Ofereceu-se para discutir a questão dos limites entre a Argentina e o Paraguai, desde que pudesse permanecer no poder após o fim do conflito. Sugeriu que, se Mitre usasse sua influência, poderia alterar as exigências aliadas. As condições do Tratado, acrescentou o marechal, não eram apropriadas a um acordo de paz, mas somente à derrota absoluta.

"Vossa excelência há de compreender que esse tratado me coloca na situação de derrotado", continuou. "E, se devo sê-lo, então que seja no campo de batalha... Creio que vossa excelência, em meu lugar, não se daria por vencido antes de combater."

Embora Mitre não cedesse terreno, López continuou adotando um tom lisonjeiro, talvez demonstrando uma admiração sincera. Chegou a elogiar as estratégias de Mitre como comandante em chefe, ao mesmo tempo que criticou ferozmente alguns dos comandantes paraguaios. Quando Mitre insistiu que faria todo o possível para chegar a uma paz honrosa, "por dever de humanidade", Solano respondeu:

Não duvido que assim seja, General, se acaso seus sentimentos correspondem a suas demais qualidades, aliás elevadíssimas, como tive ocasião de reconhecer lealmente, embora tenham sido empregadas em meu prejuízo. Por isso, embora lamente como paraguaio o êxito de suas armas em Uruguaiana, devo cumprimentá-lo, como general, pela habilidade com que soube desferir aquele golpe estratégico, cuja eficácia completou-se graças à inabilidade e à covardia dos generais a quem eu havia confiado a coluna expedicionária.

Embora López já houvesse deixado claro que pretendia permanecer no governo após o conflito, Mitre lhe sugeriu mais uma vez que a paz poderia ser firmada, desde que o *Mariscal* renunciasse ao poder e saísse do Paraguai. Poderia ir viver na Europa, com sua família e bens, e os aliados se entenderiam com os paraguaios. A resposta de López veio rápida e enfática: "Essas condições vossa excelência me imporá quando me matar nas minhas últimas trincheiras!".

Depois disso, não restava muito o que dizer.

López chamou um ajudante que se ajoelhou ao seu lado e, com o papel sobre o joelho, escreveu algo que o *Mariscal* lhe ditava. Eram condições para um acordo de paz, tendo como base o fim da aliança entre a Argentina e o Brasil. Mitre as leu e disse: "Limito-me a tomar conhecimento delas. Ficam reabertas as operações de guerra".

A trégua acabara. López ditou um memorando lacônico, descrevendo em poucas linhas o diálogo de cinco horas (Mitre, mais tarde, afirmaria que nem tudo o que conversaram ficou registrado). Depois, fizeram um brinde com rum ou conhaque — certamente não pelo resultado do encontro, mas pela civilidade e pelo cavalheirismo da conversa. E, por sugestão de López, trocaram seus rebenques, como sinal de respeito e cordialidade. O *Mariscal* também presenteou Mitre com alguns dos cigarros rústicos e fortes que costumava fumar. Apesar da gentileza mútua, Mitre garantiu, à despedida, que as operações militares seriam levadas adiante "com o maior vigor".

Mitre, anos depois, relatando a conversa, afirmou que de fato propusera o fim da guerra, sob a condição de que López deixasse o poder, sugestão que o paraguaio recusou. Outras fontes dizem o mesmo. Mas o general Resquín diz:

> *O Marechal López propôs que, sendo ele a causa da guerra sustentada pelas nações aliadas, estava disposto a renunciar à presidência do governo do Paraguai, saindo do país, como garantia da paz, dando aos aliados todas as satisfações prévias acaso devidas, desde que eles renunciassem ao Tratado secreto da Tríplice Aliança, firmado em 1 de maio de 1865. O Gen. Mitre aceitou a primeira proposição, mas negou-se, por considerar impossível, à anulação do referido Tratado, antes que tivessem sido alcançados seus efeitos [...], embora admitisse que ele poderia ser modificado, em parte, caso o Marechal se retirasse do país. Então o Marechal rechaçou energicamente a sugestão e se despediu, decidido a continuar a guerra até vencer ou sucumbir.*[7]

É impossível saber com certeza se, ao convidar Mitre para conversar, López queria apenas ganhar tempo ou esperava mesmo chegar a um acordo de paz. Contudo, George Thompson diz em suas memórias que, ao se afastar de Iataití-Corá, Solano López estava mergulhado num humor sombrio. Deteve-se no caminho, para almoçar, depois seguiu ao quartel-general. Segundo Arturo Bray, enquanto se dirigia ao quartel-general, teria murmurado baixinho: "Daqui por diante, a guerra será de extermínio. Não haverá paz nem é possível mais qualquer acordo".

A trégua ajudou os paraguaios, mas, ao amanhecer de 13 de setembro, a trincheira de Curupaiti ainda estava longe de ficar pronta. Mitre dirigiu-se ao norte com o Exército argentino, e tudo estava pronto para o ataque derradeiro. Até que, bem na data escolhida para a execução do plano aliado, começou uma chuva torrencial. Tamandaré alegou que o temporal tornava impossível o bombardeio, e a operação foi adiada. A chuvarada se estendeu por vários dias — e, quando o céu clareou, a trincheira estava pronta. No dia 21, George Thompson vistoriou os trabalhos e informou López de que a posição paraguaia era fortíssima, e os defensores teriam vantagem sobre os atacantes. O fosso tinha cerca de 6 metros de profundidade e 12 de largura. Na borda exterior, os paraguaios haviam cravado uma fileira de árvores espinhosas, com os galhos voltados para fora e os troncos para dentro, formando uma cerca que dificultaria o avanço dos invasores. Havia ainda uma trincheira menor envolvendo todo o conjunto. Cerca de noventa canhões estavam posicionados nos parapeitos, alguns voltados para a terra, outros para o rio. Era uma fortificação formidável. Naquela mesma tarde, o general José Diaz veio do quartel-general de Paso-Pucú e declarou: "Se todo o Exército aliado for mobilizado para o ataque, será sepultado inteiro aos pés da trincheira". Solano López, que andava indisposto havia dias, reanimou-se, convicto de que estava prestes a alcançar um grande triunfo.

A BATALHA DE CURUPAITI

Ao amanhecer do dia 22, a esquadra de Tamandaré começou a bombardear o forte paraguaio, com 22 navios a vapor e 5 encouraçados. Conforme o plano combinado com Mitre, o almirante brasileiro deveria pulverizar a artilharia inimiga e, em seguida, hastear uma bandeira vermelha e branca, que serviria de sinal para que as colunas argentinas e brasileiras avançassem. Contudo, como as muralhas do forte tinham mais de 9 metros, os navios brasileiros eram obrigados a atirar para cima, de forma que as balas fizessem uma curva sobre o parapeito. Por causa do ângulo de tiro, os projéteis caíam além das posições inimigas e não provocavam grandes danos. Tamandaré, contudo, não sabia disso. Acreditando que o bombardeio fosse suficiente, ergueu a bandeira combinada.

Vinte mil soldados aliados avançaram. Confiantes na vitória, os chefes e oficiais marchavam em reluzentes uniformes de gala, ao som de bandas marciais. Mas, quando investiram pelo campo aberto, as baterias paraguaias ressoaram com um estrondo espantoso, que fazia vibrar a terra. O terreno estava encharcado pela chuva, e projéteis estouravam na lama. Mitre cavalgava à frente das tropas; em certo momento, seu cavalo foi atingido por um estilhaço, e o general teve de mudar de montaria; uma bomba atingiu o chão, e seu traje ficou respingado de lama. Mesmo diante do bombardeio inesperado, as colunas aliadas continuaram avançando. Conta Juan Crisóstomo Centurión:

> *Um alarido selvagem de entusiasmo respondeu aos primeiros estragos, e as bravas tropas aliadas se arrojaram ao assalto, alcançando a trincheira de vanguarda [...] mas, daí em diante, as bombas, as balas rasas e as metralhas, que os canhões em nossa posição vomitavam sem cessar, abriam clareiras em suas colunas, e companhias inteiras caíam ao chão como soldadinhos de chumbo; viam-se saltar pelos ares, em revoltosa confusão, homens feitos aos pedaços, armas, varas e escadas, que traziam para assaltar as muralhas, e cortinas de água misturada com sangue, que os projéteis levantavam nos charcos, como trombas de grande altura. Mesmo assim, as colunas continuavam sua marcha até serem destroçadas perto de nossa trincheira principal, que parecia adverti-las: vocês chegaram ao fim do caminho, e daqui não passarão.*

Os aliados avançavam pisando nos próprios mortos. Alguns, alcançando a trincheira principal, eram varados de balas. Outros, desesperados pelo tiroteio incessante, atiravam-se dentro do fosso e lá ficavam, no meio dos cadáveres. Os disparos enchiam a atmosfera com um fumo negro-acinzentado, que não permitia enxergar os objetos a 4 metros de distância, e a estranha escuridão era rasgada pelos relâmpagos dos canhões e pelo rastro luminoso dos foguetes. Tudo cheirava a pólvora, sangue e enxofre. No meio do pandemônio, entre os disparos e os gritos de dor, ouvia-se o brado de guerra dos comandantes paraguaios: "*Neiquena los mitá!*".[8]

A cena era tão terrível que, segundo relatos, alguns sobreviventes perderam a razão e acabaram internados em hospícios. Solano López, enquanto isso, estava em seu quartel-general de Paso-Pucú, recebendo notícias por telégrafo e enviando ajudantes periodicamente ao campo de batalha. Segundo George Thompson — que, como já vimos, não gostava do patrão —, em determinado momento, López saiu ao pátio e, vendo um projétil cruzar o céu, "voltou para casa, correndo como um gamo". Juan Crisóstomo Centurión — que, por sua vez, parecia não gostar de Thompson — acusou o inglês de ser mentiroso e defendeu o chefe com um argumento que o próprio López talvez não aprovasse: "Alguém há de imaginar um homem tão corpulento como o marechal *correndo como um gamo?*".

O sol se punha sobre Curupaiti quando Mitre ordenou que o clarim ressoasse o toque de retirada. O campo estava semeado de lanças, sabres partidos, fuzis em desordem, montões de cadáveres. A batalha fora uma catástrofe para os aliados, e um enorme triunfo para Solano López. Cerca de 5 mil brasileiros e argentinos tombaram. Apenas uma centena de paraguaios morreu. Na lama de Curupaiti ficaram muitos jovens da elite de Buenos Aires, como Francisco Paz, filho do vice-presidente Marcos Paz, e Domingo Fidel Sarmiento, filho de Domingo Faustino Sarmiento, futuro presidente argentino e autor do clássico *Facundo*. O capitão José Garmendia, ao ver o tenente Martín Viñales coberto de sangue, lhe perguntou se estava ferido.

"Não é nada", disse Viñales, "apenas um braço a menos. A pátria merece mais."

No lado paraguaio, o entusiasmo era imenso. O general Díaz, que passara o combate inteiro de pé, junto à artilharia, montou seu cavalo e percorreu a trincheira, soltando "vivas" e mandando soar cornetas e tambores. Um batalhão saiu do forte para recolher os despojos no campo de batalha. Os soldados paraguaios voltaram vestindo uniformes argentinos e brasileiros, carregados com espadas, carabinas, relógios e libras esterlinas — os aliados haviam acabado de receber seu soldo e traziam o dinheiro consigo. Naquela noite, Solano López ofereceu um esplêndido banquete ao general vitorioso, na companhia de Elisa Lynch, do bispo Palacios e dos generais Resquín e Barrios. Na sobremesa, tomaram champanhe.

CONFLITOS ENTRE OS ALIADOS

Após o desastre de Curupaiti, o desentendimento entre os chefes aliados ficou ainda pior.

Como não poderia deixar de ser, os inimigos de Mitre no lado brasileiro culparam-no pelo desastre. Ao se retirar do campo de batalha, o barão de Porto Alegre disse, enfurecido, a outro oficial:

"Eis aqui o resultado do governo brasileiro não ter confiança em seus generais e entregar seus exércitos aos generais estrangeiros."

Mitre foi acusado de não ter feito um reconhecimento prévio do terreno — que, por causa das chuvas, estava convertido num pântano. Na verdade, Mitre visitara pessoalmente o campo de batalha duas vezes antes de atacar. E chegara à conclusão de que o forte poderia ser tomado, com algum esforço — desde que a esquadra brasileira destruísse a artilharia paraguaia, coisa que não ocorreu.

Enquanto isso, espiões paraguaios levavam a Solano López as notícias da desavença entre os aliados, alimentando a crença de que muito em breve a Aliança cairia por terra. Em Assunção, o jornal *El Semanario* comemorava: "O que temos aí é um Exército sem cabeça, ou, melhor dizendo, com muitas cabeças, e Mitre, chefe *in nomine* do Exército, está fazendo o papel mais ridículo do mundo". A imprensa em Assunção costumava zombar do presidente argentino. Outro jornal, o *Cabichuí*, publicou uma charge em que Mitre era chamado de "camaleão", acompanhada deste poeminha:

> *Ontem foi argentino, hoje é brasileiro,*
> *Ontem foi branco, hoje é negro,*
> *Ontem parecia ser grande,*
> *Hoje se perde em meio ao pequeno.*

Se a Tríplice Aliança não se desfez após Curupaiti, foi em parte porque Mitre resolveu ficar quieto. Em vez de responder às acusações dos oficiais brasileiros, decidiu calar-se completamente sobre as operações aliadas até que o conflito acabasse. "As sombras que há algum tempo vêm se desenhando no céu da Aliança condensaram-se por causa dos acontecimentos em Curupaiti e formam ameaçadores nuvarrões", escreveu numa carta ao vice-presidente Marcos Paz. "Mas acredito que, com boa vontade e alguma abnegação para silenciar acusações que deixariam alguma responsabilidade para todos, conseguirei clarear os horizontes." O silêncio autoimposto de Mitre durou décadas.

Pouco depois da batalha em Curupaiti, Venancio Flores retornou ao Uruguai. Não se retirou por causa da derrota — seu plano original era partir em 5 de setembro, mas acabou adiando a viagem para participar do combate. A catástrofe, contudo, abalou sua crença na possibilidade de uma vitória aliada. Em uma carta ao general Polidoro, escreveu que ficaria sempre ao lado do Império, *mas* "sem significar isso que não considere as vantagens que se podem obter com uma paz digna para os Aliados". Ou seja: a essa altura, a possibilidade de negociar era aventada até mesmo pelo homem que se recusara a fumar os cigarros de López.

PROBLEMAS EM CASA

No interior da Argentina, a guerra contra o Paraguai sempre foi impopular — e, após a derrota em Curupaiti, o descontentamento com o conflito acabou se transformando em sublevação. Em novembro de 1866, 280 soldados se insurgiram em um quartel de Mendoza. Estavam ali à espera da partida para a guerra, mas se recusaram a marchar contra o Paraguai e voltaram as armas contra o governo. Uma tropa foi enviada para conter a rebelião, mas acabou se unindo aos insurgentes. Líderes da oposição federalista, que estavam na prisão de Mendoza, foram libertados pelos rebeldes. E diversos inimigos de Mitre, exilados no Chile, começaram a cruzar a fronteira, de volta à Argentina. Pelas províncias, espalhavam-se as *montoneras* — pelotões irregulares, sempre a cavalo, que surgiam sazonalmente nos países hispano-americanos em tempos de crise, desde as guerras de independência. Os rebeldes derrotaram as tropas do governo, invadiram várias cidades e dominaram uma grande extensão da província de Catamarca. Os federalistas argentinos não esqueciam que o Brasil ajudara a derrubar Juan Manuel Rosas e viam no Império um grande inimigo. Em dezembro de 1866, o caudilho rebelde Felipe Varela declarou que seu objetivo era "a paz e a amizade com o Paraguai e a união com as demais repúblicas americanas".[9]

A situação era tão grave que o vice-presidente Marcos Paz teve de escrever a Mitre: "Eu não governo; é preciso que o senhor volte para fazê-lo".[10] O general argentino retirou-se temporariamente do campo de batalha e foi a Buenos Aires, com grande parte de suas tropas, para resolver as confusões domésticas. Enquanto isso, a diplomacia argentina, assustada com as repercussões da derrota, arrefecia sua posição contra López. Juan Torrent, diplomata enviado de Buenos Aires ao Rio de Janeiro, sugeriu que o Tratado da Tríplice Aliança fosse alterado e que as exigências fossem menos extremas. Segundo o Tratado, o Paraguai deveria indenizar os aliados por todas as despesas da guerra — Torrent aventou a possibilidade de derrubar essa cláusula para facilitar as negociações. A ideia de estabelecer a paz começou a ganhar força entre alguns políticos brasileiros, mas o governo imperial se recusou a fazer qualquer concessão: dom Pedro II ameaçou abdicar do trono se os deputados do Parlamento não quisessem levar a guerra adiante. O imperador não aceitava encerrar o conflito sem capturar López, de forma incondicional. A queda do inimigo era necessária, segundo o monarca, para "lavar a honra do Império".

Entre a população brasileira, contudo, o entusiasmo com a guerra também havia arrefecido. O prolongamento da campanha, a falta de um combate decisivo, a sensação de que Solano López era impossível de se capturar — tudo isso gerava uma nuvem de desânimo, cansaço e, finalmente, revolta. No início de 1868, recrutas começaram a resistir ao alistamento forçado — muita gente ia se refugiar em lugares isolados ou embrenhava-se nos matos para escapar do Exército. No Piauí, grupos de homens armados atacavam os quartéis, espancavam os guardas e soltavam os soldados recém-recrutados. Ao mesmo tempo, as finanças imperiais se exauriam. Para comprar armamentos e navios de guerra, o Império já tivera de fazer um empréstimo de 5 milhões de libras entre investidores ingleses, que cobraram juros de 5%, altíssimos para a época. O prolongamento infindável da guerra provocou não apenas dívidas mas também um grande desgaste físico no imperador: foi durante o conflito que seus cabelos embranqueceram. Aos 40 anos, já havia adquirido sua famosa aparência de ancião.

Mitre conseguiu debelar a rebelião na Argentina e voltou ao teatro de guerra, mas ficou pouco tempo. Em 11 de janeiro de 1868, o acampamento aliado amanheceu de luto. As bandeiras foram hasteadas a meio pau, e, a cada meia hora, como forma de homenagem, disparava-se um canhonaço do acampamento argentino, que logo era respondido do lado brasileiro. Enquanto isso, as tropas argentinas se perfilavam para um desfile. A notícia se espalhou pelas linhas paraguaias. No início, não se sabia quem era o morto — mas parecia ser alguém importante na Aliança. Solano López supôs que fosse Mitre. Para confirmar a suspeita, mandou uma patrulha capturar alguns sentinelas argentinos. Interrogou-os; disseram que, até onde sabiam, o presidente estava vivo. Segundo George Thompson, López não gostou da resposta e mandou açoitá-los. Sob tortura, acabaram dizendo o que o *Mariscal* desejava. Mas a primeira versão era a verdadeira: a epidemia de cólera havia se espalhado de Corrientes para Buenos Aires e lá derrubara o vice-presidente Marcos Paz. Mitre teve de partir mais uma vez para reassumir a presidência, agora em definitivo. Retirou-se do Paraguai em 14 de janeiro de 1868, transferindo o comando das forças aliadas ao marquês de Caxias — que, nessa época, comandava o Exército brasileiro.

No Uruguai, a guerra também alimentava o caos político, o que levou Venancio Flores a voltar a Montevidéu antes do término, já no fim de 1867, sem saber, no entanto, que lá tinha um encontro marcado com a morte. Em 19 de fevereiro de 1868, poucos meses após entregar a presidência do país a seu aliado Pedro Varela, Flores andava de carruagem pela *calle* del Rincón quando seu trajeto foi interrompido por outro veículo, em frente a um armazém. Cinco ou seis encapuzados atacaram a carruagem, ferindo o cocheiro e até um dos cavalos. O velho general saiu atirando. Os atacantes o cercaram e o derrubaram, com disparos e punhaladas. O padre Juan Souberbielle, que estava presente, conseguiu lhe dar a extrema-unção, e o caudilho colorado morreu no meio da rua, sem que ninguém abrisse a porta para ajudá-lo. Naquele mesmo dia, membros do Partido Blanco tentaram iniciar uma revolução no país, atacando um quartel na capital aos gritos de "Abaixo o Brasil! Viva o Paraguai!".

A revolução dos blancos fracassou: naquele mesmo dia, Bernardo Berro, ex-presidente blanco, foi morto a tiros em revanche pelo assassinato de Flores. Por meses, o Estado Oriental continuou sacudido por vendetas e atentados: entre quinhentas e mil pessoas morreram. E as desavenças entre blancos e colorados continuariam ensanguentando o país, de forma intermitente, até o início do século XX.

Após a partida definitiva de Mitre, a Guerra do Paraguai tornou-se um assunto essencialmente brasileiro. Uruguaios e argentinos continuaram no conflito, mas sua participação diminuiu, e as grandes decisões passaram a ser tomadas pelo marquês de Caxias. Antes de partir, no entanto, Mitre havia delineado um plano militar que levaria ao golpe fatal contra o Paraguai. A estratégia do argentino era fazer com que a esquadra brasileira subisse pelo rio, rumo ao norte, desafiando a artilharia dos fortes de Curupaiti e Humaitá, até ultrapassá-los. Assim, cortaria a comunicação fluvial entre Humaitá e Assunção, deixando a fortaleza sem mantimentos. Enquanto isso, as tropas terrestres deveriam avançar e circundar a fortaleza, que seria derrotada pela fome. O plano só foi realizado após o retorno de Mitre à Argentina — e, por muito tempo, seu sucesso foi atribuído apenas ao marquês de Caxias, que comandou as operações. Em 1903, no centenário de Caxias, o *Jornal do Commercio* publicou uma série de artigos enaltecendo o aniversariante e minimizando a participação de Mitre na guerra. Só então o argentino, que ainda estava vivo, publicou os documentos militares que mantivera secretos por anos, "em homenagem a meus companheiros de armas no Brasil e no Uruguai, com quem partilhei fadigas de guerra".[11] Trazendo à luz cartas trocadas na época entre os chefes da Aliança, Mitre finalmente provou ser o autor do plano que culminou com a tomada da fortaleza de Humaitá, em 25 de julho de 1868, e selou o destino do Paraguai.

No fim das contas, portanto, o xeque-mate contra Solano López foi ideia do "camaleão" que "ontem foi argentino, hoje é brasileiro". Mas, embora tenha dado uma contribuição crucial para destruir López, Mitre parece ter guardado uma boa impressão do *Mariscal*, após a conversa que tiveram em Iataití-Corá. Décadas depois, em 1891, num jantar com amigos e autoridades em Buenos Aires, recordou a entrevista que tivera com o inimigo e repetiu em voz alta a promessa de López: "Essas condições vossa excelência me imporá quando me matar nas minhas últimas trincheiras". E exclamou: "E ele cumpriu a promessa!".[12]

NOTAS

1 | Paraíso, Livro XVII. (Tradução feita por Botelho a partir do italiano.)
2 | Perante mim não há coisa criada/ Se não for eterna, e eu, eterno, duro./ Deixai toda esperança, vós que entrais.
3 | Doratioto, 2002.
4 | Idem.
5 | Ou seja, seriam derrotados com a maior facilidade. Centurión, 1987.
6 | Chaves, 1958.
7 | Datos Historicos, publicado em Buenos Aires em 1895.
8 | Algo como "Vamos lá, rapazes!" ou "Pra cima deles, guris!".
9 | Doratioto, 2002.
10 | Idem.
11 | Centurión, 1987.
12 | Doratioto, 2002.

5.
"O QUE NÃO MATA ENGORDA": O HOMEM QUE ODIAVA CAXIAS

O jovem capitão brasileiro estava furioso. E isso, como veremos, não era exatamente algo incomum.

Tinha 30 anos, era engenheiro militar e servia no acampamento de Tuiuti como assistente do quartel-mestre — posto encarregado de administrar o abastecimento das tropas. Função importante, mas complicada, pois os únicos mantimentos fornecidos pelo Exército, até fins de 1866, eram carne e farinha para o churrasco — ou seja, faltava de tudo, ou quase tudo. Se precisasse de roupas ou utensílios, o soldado tinha de escrever à família pedindo que lhe enviasse os objetos necessários pelo correio — ou, então, tinha de comprá-los, com seu parco soldo, dos comerciantes que acompanhavam o exército; instalados nas vizinhanças dos acampamentos, eles enriqueciam negociando alimentos, bebidas, roupas, fumo, sabonete — tudo por preços loucamente inflacionados. Às vezes, os comerciantes armavam suas barracas quase no limite dos acampamentos, o que perturbava a disciplina das tropas. E era exatamente isso o que estava acontecendo naquele dia, nas proximidades do Potreiro Pires, em Tuiuti. O capitão brasileiro olhou as barracas, decidiu que estavam perto demais e foi avisar o general. Os comerciantes, segundo o relato feito pelo próprio capitão anos depois, eram "forasteiros", o que talvez indique que fossem argentinos, pois a maioria dos mercadores que seguiam o rastro do Exército aliado vinha da província de Corrientes. Após falar com o general, o rapaz voltou com a ordem de transferir as barracas para mais longe. E estava disposto a cumprir a tarefa com extremo vigor.

O jovem capitão, diga-se de passagem, não gostava de argentinos. Ele saiu do acampamento, assinalou um local distante e mandou dizer, pelo ordenança, que os comerciantes deviam se mudar para lá. Ergueu-se um vozerio infernal. Os mercadores berravam descomposturas contra o irritante brasileiro que vinha atrapalhar os negócios. Quem gritava mais alto era um "gringo" — provavelmente, um argentino com sangue italiano. Mas o capitão não recuou. Mandou um cabo informar que, se em duas horas não saíssem dali, ele mandaria arrancar as estacas das barracas e expulsá-los. Findo o prazo, o oficial avançou com o cabo e dois soldados. O gringo, que era um sujeito grandalhão, começou a esbravejar. O brasileiro confrontou-o:

"Arranque já a barraca!", intimou.

O outro ficou parado.

"Arranquem a barraca desse patife insolente!", berrou o capitão para os soldados.

O brutamontes precipitou-se à frente, querendo briga. O capitão brasileiro não tinha arma alguma além do chicote. Mas não teve pruridos em usá-lo. O atacante recuou à primeira chicotada. Em seguida, o brasileiro mandou prendê-lo e levá-lo ao general. "Os outros logo ficaram mansos como cordeiros", contaria o capitão muito tempo depois, quando já era famoso em todo o Brasil, "e daí a pouco estava tudo de barraca mudada".[1]

Aquele enfezado oficial de 30 anos era Benjamin Constant Botelho de Magalhães, o homem que, dali a algumas décadas, ficaria conhecido como o fundador da República no Brasil. Na época, contudo, era apenas um soldado pobre, zanzando de acampamento em acampamento, sempre em busca de um salário menos miserável, e geralmente de mau humor.

BENJAMIN CONSTANT ANTES DA GUERRA

Benjamin Constant nasceu em Niterói, então capital da província do Rio de Janeiro, em 1837. Seu pai, Leopoldo Henrique Botelho de Magalhães, era lusitano e havia servido como tenente no Corpo de Artilharia da Marinha portuguesa. Viera ao Brasil em 1822, como militar, e permanecera no Exército brasileiro após a independência. Casou-se com uma brasileira, Bernardina Joaquina da Silva Guimarães. Leopoldo era culto, e o primogênito do casal foi batizado em homenagem ao escritor e revolucionário francês Henri-Benjamin Constant de Rebecque. O soldo no Exército era baixíssimo, e Leopoldo trabalhava como professor para sobreviver: dava aulas de primeiras letras, gramática e latim numa escola particular.

Aos 5 anos, Constant aprendeu a ler e escrever com o pai; aos 10 já ajudava na escola, dando aulas suplementares aos alunos atrasados. Mas os estudantes de Leopoldo eram pobres, e sua renda mal dava para sustentar a família, que não parava de crescer (Constant teve dois irmãos e uma irmã). A situação financeira chegou a melhorar quando Leopoldo foi convidado a administrar uma fazenda em Minas Gerais, mas o alívio durou pouco. Em 1849, ele morreu de tifo, uma catástrofe que levou a família à beira da miséria. A viúva desenvolveu sérios problemas mentais, e o primogênito tentou o suicídio.

Leopoldo Henrique, no entanto, deixara algum dinheiro. Constant conseguiu entrar numa escola mantida por frades do Mosteiro de São Bento e, em 1852, se matriculou na Escola Militar. Não tinha vocação para soldado, mas aquela era a única carreira disponível a um jovem sem recursos. Se tivesse nascido em uma família rica, talvez se diplomasse em direito, como costumavam fazer os filhos de grandes proprietários, para depois trabalhar nos altos escalões do Estado. Mas o que lhe coube foi estudar engenharia na Escola Militar, enquanto dava aulas para sustentar a família. Com 19 anos, foi promovido a alferes, mas a falta de contatos e alianças familiares significava que sua carreira no Exército seria lenta.

As dificuldades por que passou no início da vida lhe deixaram uma antipatia visceral contra homens que se engrandecem por herança ou compadrio, e não por mérito próprio — rancor que às vezes o levava a se expressar com um azedume feroz, digno de um Voltaire com enxaqueca.

Quando estourou a Guerra do Paraguai, Constant já havia se casado e tinha uma filha pequena. Morava com toda a família, inclusive os irmãos, e dividia-se entre dois trabalhos para conseguir sustentar todo mundo: era professor de matemática no Imperial Instituto dos Meninos Cegos e dava aulas particulares para alunos da Escola Militar. Mesmo assim, faltava dinheiro para as despesas gerais e o tratamento da mãe, cujas crises nervosas agravaram-se até a loucura. Apesar de ser benquisto pela alta sociedade, com bons contatos graças à carreira de professor, Constant vivia endividado e sem perspectivas de melhorar de vida. Assim, embora não lhe faltasse patriotismo, torcia para não ser convocado à guerra. Se partisse rumo ao Paraguai, teria de abandonar suas atividades complementares, e a família poderia ficar na miséria. "Em relação à guerra, estou neutro, como dizem alguns gaiatos que por aqui têm ficado", escreveu a um amigo na época. E seguia:

> *O governo não tem mexido comigo, também não tenho me oferecido, pois, nas circunstâncias em que me acho, oferecer-me seria oferecer à miséria toda a minha família. Não obstante, tenho estado firme na resolução de seguir à primeira convocação sem uma palavra de recusa.*

Marciano, irmão mais novo de Constant, também hesitou por algum tempo, mas acabou se rendendo à atmosfera de fervor patriótico que, na fase inicial da guerra, ainda se manifestava no Brasil. Disse que queria "tornar-se brasileiro" e partir para guerrear no sul. Como tinha apenas 19 anos, foi preciso que o irmão mais velho lhe desse uma autorização para partir. Pouco depois, Constant foi convocado para servir como engenheiro no teatro de guerra. Maria Joaquina, sua esposa, desesperou-se ao saber que o marido teria de ir ao Paraguai. Sem que ele soubesse, conseguiu uma audiência com o imperador. Explicou que Constant era o arrimo da família, que tinha de cuidar da esposa, da filha, dos irmãos, da mãe louca e de uma tia muito idosa. Dom Pedro II, comovido pela súplica, aceitou reverter a convocação. Ao saber do que acontecera, Benjamin reprovou a atitude da esposa. Desculpou-a, mas disse que agora, sim, teria de partir — do contrário, pensariam que era um covarde. Sem perder tempo, Constant solicitou também uma audiência com dom Pedro II. Pediu-lhe não apenas que mantivesse a convocação mas também que o deixasse partir imediatamente. O risco à sua honra, ao que parece, assustava-o mais que a possível penúria da família.

Além disso, se, por um lado, a convocação militar colocava em risco a subsistência imediata de seus parentes, também havia oportunidades a considerar. Para um jovem pobre, sem heranças nem patronos aristocráticos, destacar-se como soldado no campo de batalha era uma forma de adquirir reputação, galgar degraus na carreira e conseguir um emprego lucrativo — de preferência, um serviço público, que era uma das raras oportunidades de avanço social para brasileiros de origem modesta.

Assim, durante o tempo em que Constant esteve na guerra, o desejo de subir na vida às vezes digladiava-se com o impulso de mostrar valentia. O jovem capitão tentou sempre afastar a pecha de covarde. Por isso, comportava-se com uma coragem que beirava a temeridade e irritava-se quando tinha de cumprir funções longe das linhas de combate.

Benjamin Constant, na época, ainda não era um opositor aberto da monarquia. Tampouco se opunha à guerra contra Solano López. Durante toda sua participação no conflito, manteve a opinião de que aquela era uma guerra justa, travada contra um déspota que tiranizava o próprio povo. Concordava com a atitude de dom Pedro II em não aceitar negociações com López, pois, segundo ele, não havia "paz possível com semelhante monstro". Em sua estada no campo de batalha, contudo, criticou ferozmente a forma como o conflito era conduzido pelas elites políticas e militares do Brasil. Já naquela época, Constant era adepto do positivismo, doutrina filosófica elaborada pelo francês Auguste Comte, que pretendia tomar as ciências experimentais como modelo do progresso humano, no lugar da metafísica e da teologia. Seu olhar amargo e afiado captava sem condescendência os males da sociedade aristocrática e os atrasos gerados pelo rígido sistema de classes que dominava o Exército brasileiro — por outro lado, como muitos positivistas, Constant tinha um excesso de certezas, típico de quem pensa ter encontrado a chave para todos os problemas humanos. As cartas que escreveu durante a guerra, para a esposa e o sogro, destilam sentimentos muito diferentes do entusiasmo ufanista de Dionísio Cerqueira: enquanto o baiano expressou sempre grande admiração pelos altos oficiais brasileiros e pelos aliados argentinos e uruguaios, Constant desancou-os, com irritação unânime, ora com muita razão, ora com rabugice — e às vezes com um entranhado preconceito luso-brasileiro contra os povos vizinhos da América do Sul.

A PARTIDA PARA A GUERRA

No cais do Rio de Janeiro, após receberem uma visita do imperador, Constant e Marciano despediram-se dos amigos e embarcaram rumo ao sul. Nenhum deles jamais saíra do Brasil. Era a primeira vez que se afastavam da família. E não o faziam para dar um breve passeio e voltar: combateriam gente desconhecida, numa terra estranha, no maior conflito que o continente já vira.

Após partirem, os irmãos fizeram uma parada em Santa Catarina e seguiram em direção a Montevidéu. Nas turbulentas águas do sul, passaram por um pavoroso temporal, com chuva de granizo e muitos enjoos a bordo. Chegaram à capital uruguaia em 13 de setembro de 1866 e foram recebidos pelo general Antônio Nunes de Aguiar, que ofereceu a Constant uma comissão administrativa como engenheiro em Montevidéu. A oportunidade era boa, mas ele pensou que, se a aceitasse, alguém poderia dizer que estava tentando refugiar-se longe dos combates. Recusou a proposta, dizendo que fora convocado para lutar e pretendia cumprir a missão. Conseguiu, no entanto, um emprego para Marciano, que ficou trabalhando no Hospital Militar de Montevidéu. Já Constant partiu no vapor *São José*, às 4 horas, em 15 de setembro, rumo à Argentina. Nessa época, ainda acreditava — como a maior parte da população brasileira — que o conflito acabaria logo. Em uma carta à esposa, logo antes do embarque, escreveu que talvez os aliados vencessem antes que ele chegasse ao campo de batalha — e, nesse caso, só lhe restaria soltar "foguetes após o fim da festa".

O navio ficou encalhado por quatro dias nas barrancas do rio da Prata até que seguisse viagem rumo à província de Corrientes, que Constant cruzou a caminho do Paraguai. As cartas que escreveu enquanto atravessava o interior argentino revelam um aspecto perturbador nas relações entre os brasileiros e os demais povos sul-americanos no período. Por um lado, a imprensa paraguaia e até alguns argentinos chamavam os brasileiros de "macacos", pela forte presença de negros nas tropas; por outro, Constant demonstrou extremo racismo contra a população da região platina, onde a mestiçagem entre indígenas e descendentes de europeus era muito comum. Infelizmente, a história da humanidade é, em grande medida, a história de seus rancores mais tolos. Sobre a cidade argentina de Rosário, Constant escreveu:

> *O povo daqui é o que há de pior. São todos de má aparência e, ou por ignorância ou por influência de seus chefes, provocam os brasileiros, principalmente os militares, com palavras e gestos próprios de um povo como este, tão próximo ainda do estado selvagem. A hospitalidade que se encontra nesses miseráveis é a do punhal e a do revólver, e aquela que se pode obter é comprada a ouro [...]. São nossos mais encarniçados inimigos.*

Suas observações sobre a pequena povoação de Paraná, também no interior argentino, seguem a mesma toada:

> *O que forma aqui a maioria da população é uma raça cruzada de espanhóis e guaranis. São, porém, estes povos por seus costumes, sua ignorância, sua indolência, mais próximos dos guaranis do que dos espanhóis. É um povo ainda inferior ao de Rosário. Os homens covardes e pusilânimes correspondem respeitosos aos cumprimentos que lhes fazemos quando passamos por seus povoados e, pelas costas, chamam-nos de macacos, macaquitos, dão assovios etc. Ninguém sai desarmado para passear nessas cidades.*

E, sobre a cidade de Corrientes, vociferou: "Esta cidade é abominável por todas as razões, a população é a mais cínica e ordinária que se pode imaginar. Quase sempre há questões entre correntinos e brasileiros, mortes, ferimentos etc.".

Não deixa de ser curioso que Dionísio Cerqueira tenha cruzado as mesmas regiões sem registrar tamanha hostilidade dos argentinos contra os brasileiros. Será que a verdade depende do olho de quem vê — ou cada um, mesmo sem saber, escolhe o que enxergar? Vale lembrar, contudo, que Dionísio Cerqueira cruzou o interior argentino bem no início do conflito, quando o entusiasmo pela Aliança ainda era forte. Constant só partiu rumo ao Paraguai oito meses depois. E chegou a Corrientes dez dias após a derrota aliada em Curupaiti — que teve um efeito desastroso no ânimo dos soldados e intensificou a impopularidade da guerra no interior argentino, como vimos no capítulo anterior. O desastre aliado deu início a um período de morosidade que só se encerraria com a tomada de Humaitá em 1868.

CONSTANT E CAXIAS

No dia 4 de outubro, Benjamin Constant chegou a Tuiuti, em território paraguaio, onde o 1º Corpo do Exército brasileiro estava acampado desde maio. Tão logo chegou, foi nomeado pelo general Polidoro como assistente do quartel-mestre. Foi nessa época que desferiu a chicotada contra o comerciante gringo nos arrabaldes do acampamento. Além de lidar com mercadores enfezados, deparou-se com as dificuldades no abastecimento de víveres. O gado para o abate vinha de Corrientes, mas a forma de abate dos animais era trabalhosa e de pouco rendimento efetivo para alimentar os soldados: os bois vindos da Argentina eram levados para uma mangueira — ou curral — nas vizinhanças do acampamento; para abatê-los, era preciso, antes, laçá-los. Porém, havia apenas dois laçadores designados para o serviço e, ainda por cima, munidos de maus laços. O trabalho acabava demorando muito, e a carne chegava tarde aos cozinheiros, que não tinham tempo de prepará-la. Além disso, como registrou, "as reses que têm vindo à carneação são em geral pequenas e magras, sendo raras aquelas que se podem considerar de boas carnes".

O olhar crítico de Constant, que logo identificava a irregularidade e a incompetência, conquistou o apreço dos oficiais superiores, que lhe ofereceram um trabalho como encarregado dos depósitos de víveres na cidade de Corrientes. Apesar de bem remunerado, Constant recusou-o, pois não queria ficar longe dos combates. Ainda sentia necessidade de provar que não era medroso. Seu grande objetivo era conseguir uma comissão como engenheiro de fortificações nos postos avançados. Com isso, permaneceria próximo da luta e, ao mesmo tempo, ficaria com a algibeira mais recheada.

Essa busca obsessiva por uma boa remuneração não era simples oportunismo. No aristocrático Exército imperial, até os oficiais levavam uma vida árdua, a menos que tivessem riqueza de família. Como os pastos no Paraguai eram pobres, Benjamin Constant tinha, inclusive, de comprar milho para seu próprio cavalo. Quem não tivesse dinheiro não apenas corria o risco de passar fome como também ficava sem roupas, sabão e — infortúnio dos infortúnios — tabaco. O contraste com os oficiais abastados era gigantesco. Um exemplo revelador: o jovem Alfredo d'Escragnolle Taunay também era engenheiro, mas vinha de uma família aristocrática do Rio. Enquanto Benjamin Constant penava para que seu cavalo não morresse de inanição, o futuro visconde de Taunay pagava até doze libras mensais — uma quantia grande na época — para que um chefe de cozinha providenciasse banquetes suculentos a ele e a seus amigos em plena campanha militar. Benjamin Constant reparava constantemente em desigualdades como essa e pouco a pouco enchia seu cantil de cólera.

Então, em fins de 1866, ele conheceu o homem que se tornaria o principal alvo de sua fúria e de sua verve: Luís Alves de Lima e Silva, o marquês de Caxias.

Caxias nasceu em 1803 na Fazenda de São Paulo, na vila de Porto da Estrela, na então capitania do Rio de Janeiro, nos tempos em que o Brasil era vice-reino de Portugal. Desde a infância, esteve de alguma forma ligado à monarquia. Seu pai, o marechal de campo Francisco de Lima e Silva, serviu como veador, ou camarista, da imperatriz Leopoldina. Em 2 de dezembro de 1825, ergueu em seus braços um bebê recém-nascido e o apresentou à corte no Paço de São Gonçalo: a criança era o futuro imperador dom Pedro II. Bisneto, neto, filho, irmão e sobrinho de militares, Luís Alves assentou praça com apenas 5 anos, como cadete no 1º Regimento de Infantaria de Linha. Era um título apenas honorífico, conferido ao menino por ser filho de um alto oficial; mas aos 15 anos ele foi promovido a alferes e passou a integrar um batalhão de fuzileiros. Dali por diante, até a velhice, participaria de quase todos os conflitos armados em que o Brasil se envolveu.

Em 1822, após declarar a independência, dom Pedro I organizou no Campo de Santana a Imperial Guarda de Honra e o Batalhão do Imperador, formado por oficiais criteriosamente escolhidos — entre os quais o jovem Luís Alves de Lima e Silva, que a essa altura já era tenente. O Batalhão era comandado por seu tio, o que talvez explique sua rápida ascensão, e, em 1823, quando foi enviado à Bahia para debelar um movimento de militares portugueses contra a independência, Lima e Silva teve seu batismo de fogo. No dia em que as forças leais a dom Pedro I entraram em Salvador, em 2 de julho de 1823, foi o jovem tenente quem carregou a bandeira do Império pelas ruas da cidade. Mais tarde, participou como capitão na Guerra da Cisplatina e foi enviado para suprimir a Revolta da Balaiada no Maranhão. Por mais esse serviço à coroa, recebeu o título de barão — e o completou, por escolha própria, com o nome Caxias, a segunda cidade mais rica da Província, que ele mesmo arrancou das mãos dos rebeldes. Também sufocou a Revolta Liberal de São Paulo (1842) e pôs fim à Guerra dos Farrapos, encerrando a secessão do Rio Grande do Sul (1837–45). Foi também Caxias quem comandou as forças brasileiras contra o caudilho uruguaio Manuel Oribe e o ditador da Confederação Argentina, Juan Manuel Rosas, em 1851.

Ao longo dos anos, de vitória em vitória, foi passando de barão a conde, e de conde a marquês. No fim da vida, haveria de se tornar duque — o único brasileiro nato a receber esse título nobiliárquico. Muito jovem ainda, entrou para o Partido Regressista, que depois daria origem ao Partido Conservador — do qual haveria de se tornar um dos membros mais célebres e poderosos. Boa parte de sua carreira militar e política coincidiu com o período de estabelecimento da monarquia brasileira — e, em todos os conflitos que marcaram essa época, Caxias defendeu o governo centralizado e a integridade territorial do país. Por isso, ganhou fama não apenas como soldado valente mas também como modelo de militar disciplinado e — digamos assim — disciplinador. Essa reputação adquiriu proporções tão vastas e proverbiais que o personagem acabou virando vocábulo, como podemos constatar na etimologia do verbete "caxias" no *Aurélio*:

> *caxias: [Do antr. Caxias, do militar e estadista brasileiro Duque de Caxias (Luís Alves de Lima e Silva (1803–1880), patrono do Exército).] Adj. Bras. Pop. 1. Diz-se de, ou pessoa extremamente escrupulosa no cumprimento de suas obrigações [...]. 2. Diz-se de, ou pessoa que, no exercício de sua função, exige dos subordinados o máximo rendimento no trabalho e extremado respeito às leis e aos regulamentos.*

Caxias era amigo de dom Pedro II, a quem serviu como instrutor de esgrima e hipismo na década de 1830. Em 19 de novembro de 1866, o soberano lhe confiou a tarefa de tirar o Império do atoleiro paraguaio, nomeando-o comandante em chefe do Exército brasileiro. Caxias chegou ao Paraguai em um momento tenebroso para as forças aliadas, que ainda sofriam o desânimo e a confusão causados pela catástrofe de Curupaiti. Na época, a instituição ainda era aristocrática, pouco profissional, repleta de oficiais voluntariosos que, quando não estavam batendo cabeça entre si, as batiam com os argentinos. O desarranjo entre os aliados, como já vimos, levara a diversos atrasos, desastres e becos sem saída.

Quando Caxias chegou, um terço dos soldados que haviam atravessado o Paraná perecera em combates ou tombara vítima de doença. A maioria dos cavalarianos estava a pé: como se sabe, o início da campanha foi uma hecatombe de cavalos. Além disso, os dois Corpos do Exército — o primeiro, comandado por Polidoro; o segundo, pelo barão de Porto Alegre — eram totalmente desencontrados. Tinham diferenças enormes na forma de fazer contabilidade, pagamentos e promoções. Isso tudo levava a um desperdício enorme de dinheiro.

Caxias, que então tinha 64 anos, levaria catorze meses para ajeitar essa confusão. Mandou comprar cavalos e mulas, essenciais para a mobilidade das tropas, e melhorou a alimentação dos animais, dando-lhes milho e alfafa (em vez de deixá-los pastando nos campos raspados). Tomou medidas para melhorar a saúde dos soldados, nomeando uma comissão específica para vistoriar os hospitais, providenciando ambulâncias e aumentando a higiene do acampamento. Também tentou incutir mais ciência no conflito. Para mapear as posições paraguaias nas regiões vizinhas, decidiu utilizar balões de observação — a medida, pioneira na América do Sul, fora antes utilizada apenas nos Estados Unidos durante a Guerra Civil. Em março de 1867, o governo brasileiro contratou dois aeronautas norte-americanos — os irmãos James e Ezra Allen — e comprou dois balões em Nova York, mais o equipamento para enchê-los com gás hidrogênio, ao preço de 10 mil dólares. Em junho, um dos balões subiu a 330 metros sobre o acampamento de Tuiuti, preso a duas cordas e segurado por soldados em terra. A observação do campo inimigo, no entanto, foi prejudicada pelos nevoeiros comuns à região e pelas fogueiras que os paraguaios acendiam para camuflar suas defesas e seus movimentos. Um jornal paraguaio, na época, publicou um desenho satírico em que os soldados paraguaios mostram o traseiro a um balão tripulado por Caxias, com a legenda: "Cara feia ao inimigo".

No acampamento brasileiro, parte dos soldados deixava-se encantar pela aura legendária de Caxias — até então, ele jamais fora derrotado no campo de batalha. Ele próprio cultivava a lenda de sua invencibilidade; em uma das batalhas de que participou no Paraguai, incitou os soldados com este sutil autoelogio: "Marchemos ao combate que a vitória é certa, porque o general e amigo que vos guia ainda até hoje não foi vencido". Dionísio Cerqueira, em suas memórias, descreve a fascinação quase sobrenatural que cercava o então marquês — muito diferente da camaradagem direta e franca que os soldados sentiam por Osório:

> *Tal prestígio o envolvia que ninguém podia vê-lo senão através de uma auréola da glória. Quem ali não acreditava na sua onipotência? Quando passava em seu uniforme de marechal. Ereto e elegante, apesar da idade, todos nós perfilávamos reverentes e cheios de fé, não era apenas o respeito à sua alta posição hierárquica; havia mais a veneração religiosa e admiração sem limites.*

Mas nem todos eram adeptos da fé caxiense. Ícone do Partido Conservador, Lima e Silva era igualmente detestado ou escarnecido por muitos de seus adversários políticos, ligados ao Partido Liberal. Para os detratores de Caxias, sua glória militar não passava de farsa oficial, e sua figura representava o que havia de pior na monarquia brasileira.

O capitão Benjamin Constant foi o mais eloquente porta-voz dos céticos de Tuiuti. Ninguém odiou Caxias com tanta bile.

À primeira vista, os dois até que poderiam ter se dado bem.

Em seu afã de organizar a posição brasileira, Caxias decidiu reforçar as defesas de Tuiuti e transformar o acampamento em uma fortaleza. Ao que tudo indica, o marquês levava a sério a presença de engenheiros nas tropas — ao contrário do general Osório, que costumava zombar deles. Em dezembro de 1866, Benjamin Constant uniu-se à Comissão de Engenheiros do 1º Corpo do Exército e, dois meses depois, foi designado para sua missão mais importante até então: levantar fortificações no centro e à direita das linhas de vanguarda, erguer baterias para canhões e construir redutos para os soldados nas trincheiras. Grande parte do trabalho ocorreu na legendária Linha Negra, onde os soldados brasileiros ficavam entrincheirados a cerca de sessenta passos dos paraguaios. Na única vez em que conversou com Caxias, no Centro de Comando do Exército brasileiro, o jovem engenheiro foi bem tratado pelo marquês. Além disso, o novo serviço permitiria a Benjamin Constant demonstrar coragem — como ele tanto desejava — e ascender a uma remuneração mais vultosa — como ele tanto precisava.

Não se deixou, porém, seduzir pelo chefe.

Nas cartas que escreveu à mãe e ao sogro, deixou claríssima a antipatia que sentira pelo comandante em chefe desde o primeiro encontro e que só cresceu nos meses seguintes. O clima cortesão que envolvia o marquês deixava Constant louco de raiva: considerava os altos oficiais de Caxias um bando de puxa-sacos. "Espera-se hoje o marquês de Caxias com todo seu estado-maior. Os aduladores andam assanhados, pulam de contentes, preparam frases lisonjeiras etc. Os homens de bem andam aborrecidos e vexados", escreveu em 1867. Acreditava que os bajuladores de Caxias eram responsáveis por enviar informações erradas aos jornais brasileiros, dando a impressão de que a guerra ia muito bem, quando na verdade tudo ia mal: "Desgraçadamente, temos aqui uma caterva de infames aduladores que em suas correspondências para nossas folhas diárias procuram de modo o mais miserável iludir a boa-fé do povo para servirem a seus interesses particulares".

Em especial, Constant questionava a fama de valentia que cercava o marquês. Em cartas à esposa, garantiu que Caxias jamais escutava de perto o ruído das balas e desconhecia o cheiro da pólvora paraguaia. Espelhava assim a opinião de vários inimigos de Lima e Silva, que viam em sua ascensão militar apenas o reflexo do prestígio familiar. Com efeito, no período inicial de sua carreira, enquanto subia do posto de alferes a major, Caxias serviu sempre sob oficiais que eram, também, seus parentes mais próximos. Não era absurdo imaginar, portanto, que os velhos comandantes reservassem para ele as missões com o maior potencial de glória bélica — para, em seguida, cobri-lo de promoções. Além disso, nos conflitos ocorridos dentro do Brasil, Caxias enfrentou sempre grupos mal preparados e com fracas noções de estratégia militar — com exceção dos gaúchos na Revolução Farroupilha, à qual Caxias só deu fim por meio da negociação de um acordo de paz. Nada disso significava que Lima e Silva não tivesse coragem pessoal ou que não fosse um bom estrategista, mas era o suficiente para que Benjamin Constant e outros detratores o considerassem um mito fabricado pela monarquia.

Para Constant, Caxias não realizara nenhum feito militar verdadeiro: apenas aproveitara-se das circunstâncias e da abundância de dinheiro que sempre esteve à sua disposição; além disso, considerava-o uma nulidade intelectual.

> *Que é dos feitos desse homem? Como orador na tribuna que é dos seus discursos? Na imprensa que é dos seus escritos, na militança que é dos seus atos de bravura, que é dos seus planos estratégicos que tem dado ou posto em execução, que é de sua perspicácia? [...] General pacificador por excelência, o temos visto sempre em frente ao inimigo ou aos revoltosos nos últimos paroxismos de sua resistência, já fracos e impotentes, tomar posição à distância respeitosa com a mão esquerda a acenar-lhes de longe, com a outra mão com as baionetas de que dispuser, mas com a bolsa recheada, com o cofre das graças das posições oficiais, com o suborno, com a prostituição.*

Às vezes, sua raiva o conduzia a tiradas de humor metafórico. Numa carta à esposa, compara a ascensão de Caxias ao flutuar de uma bolha, que só se eleva por estar vazia:

> *A posição elevada que tem o marquês, o prestígio imenso de que está rodeado o seu nome são mais que um fenômeno inexplicável e incompreensível, é uma verdadeira aberração de todas as leis sociais. [...] Será devido a esta leveza de serviços, de mérito, de prestígio, que ele tem subido. É em virtude de uma lei física perfeitamente estabelecida que os corpos leves tomam sempre as posições superiores. É assim que as bolhas de sabão elevam-se graciosamente; mas qualquer pequena corrente de ar fá-las rebentar, deixando apenas um insignificante resíduo. Será o Caxias no mundo social o que é a bolha de sabão no mundo físico?*

Além de acreditar que Caxias galgara os degraus da sociedade sem qualquer mérito pessoal, Constant talvez visse no marquês o epítome de tudo o que reprovava no Exército brasileiro. Após a Guerra do Paraguai, Constant se associou a um grupo de militares que apregoaram a doutrina do "soldado-cidadão", segundo a qual o primeiro dever de um soldado era com a sociedade, e não com o oficial superior — o que se opunha frontalmente à ideia de obediência passiva e servil que até então caracterizara as forças imperiais. E, como demonstra a etimologia do verbete trazida pelo Aurélio, essa ideia de disciplina hierárquica acabou personificada em Caxias.

Apesar das reformas realizadas pelo novo comandante em chefe, Benjamin Constant passou meses em 1867 reclamando das condições de vida no acampamento brasileiro. Em suas correspondências, não há um único elogio à administração do marquês. Em Tuiuti, enquanto Caxias bebia água de barris vindos do Rio de Janeiro, a soldadesca continuava consumindo lama. Escreveu à esposa:

> *A água que aqui se bebe é a pior possível. Faz-se um buraco no chão e bebe-se a água cor de lama que se obtém. [...] No antigo acampamento essas poças se faziam à beira dos pântanos e charcos onde se via uma porção de cavalos, bois e paraguaios podres. Custei muito a me habituar com essas imundícies, mas não houve remédio e já estou familiarizado com essa porcaria e com este*

viver todo especial pelas privações que se sofre. Não entanto, não tenho passado mal de saúde. Diz o ditado — o que não mata engorda — e assim é.

A saúde de Constant, no entanto, não era assim tão inabalável. Para diminuir a chance de serem alvejados pelos paraguaios, Constant e os outros engenheiros trabalhavam nas trincheiras à noite, começando às 18 horas e parando apenas ao amanhecer (mesmo no escuro, contudo, os inimigos disparavam suas armas para atrapalhar o trabalho nas linhas aliadas). De dia, tinham de dormir sob o calor intenso. Por isso, Constant muitas vezes preferia dormir fora da barraca, mesmo quando estava chovendo. Em 16 de março de 1867, caiu doente. Estava muito magro, tinha febre, muita sede, e o corpo ardia. Por quatro dias, esteve quase inconsciente e sem comer. Os sintomas indicavam malária, e Constant tratou-se com pílulas de quinino. Melhorou um pouco e seguiu trabalhando. Mas a lentidão da campanha, combinada às péssimas condições no acampamento e à saúde deteriorada, o deixava louco de raiva. Culpava Caxias pela morosidade e a eterna postergação da batalha decisiva — o que, em sua opinião, levava muitos oficiais e soldados a morrer "ingloriosamente". Parecia não perceber que, no estado confuso em que o Exército estava à chegada de Caxias, seria impossível avançar pelo denso sertão paraguaio. Quase tinha a impressão de que os líderes brasileiros agiam propositalmente devagar. Escreveu numa carta ao sogro:

> *Avançamos por mais um bocadinho. Agora vamos descansar e dar tempo ao inimigo que se fortifique para avançar depois mais um bocadinho (cavalheirismo brasileiro). O que me parece mau é que nesse passo de tartaruga os nossos soldados e oficiais vão desaparecendo.*

Em junho de 1867, Benjamin Constant estava um trapo: além das febres recorrentes, uma séria inflamação no fígado o enfraquecia ainda mais. Após visitá-lo no acampamento, um amigo disse a Maria Joaquina que seu marido estava prestes a morrer.

Numa atitude desesperada, a esposa conseguiu uma nova audiência com o imperador e pediu autorização para se juntar a Constant no Paraguai. Mesmo após a chegada da esposa, o jovem capitão insistiu em seguir trabalhando — ainda não perdera o receio de ser considerado covarde. Percebendo, porém, que o corpo estava prestes a entrar em colapso, pediu — e conseguiu — uma licença médica em agosto de 1867.

Benjamin Constant voltou ao Rio de Janeiro com um soldo de 45 mil réis que conseguira na Comissão de Engenheiros. Seus dias na Guerra do Paraguai haviam acabado — dela, trouxe péssimas lembranças, um fígado prejudicado e vagas migalhas de glória. Mas uma outra luta, a mais importante de sua vida, estava prestes a começar. Nas décadas que se seguiram à Guerra do Paraguai, houve um afastamento gradual entre o Exército e a monarquia. Muitos veteranos, como ele e Floriano Peixoto, tornaram-se cada vez mais críticos ao governo imperial. E o homem que odiava Caxias foi um dos principais integrantes do grupo militar que, em 15 de novembro de 1889, pôs fim ao regime monárquico e proclamou a República no Brasil.

Essa guerra foi mais longa, mas, no fim das contas, Benjamin Constant venceu.

NOTAS

1 | Todos os trechos de cartas extraídos de Lemos, 1999.

6.
"NÃO DAVA GOSTO BRIGAR COM TANTA CRIANÇA": DIONÍSIO CERQUEIRA E O FLAGELO DO PARAGUAI

O menino mutilado jazia num lago de sangue. E estava sorrindo.

Foi nas vizinhanças do acampamento aliado de Andaí, no Paraguai, em maio de 1868. O baiano Dionísio Cerqueira havia chegado ali com seu batalhão de infantaria, conhecido como Dezesseis, depois de uma jornada infernal que os conduzira de Tuiuti às barrancas do rio Paraguai. O movimento fazia parte do grande avanço aliado, que se iniciara em outubro de 1867, após um ano de marasmo, cujo objetivo era ocupar a grande fortaleza de Humaitá. Primeiro, as forças terrestres dominaram as fortificações de Villa del Pilar e Tahí, isolando Humaitá por terra. Pouco depois, em fevereiro de 1868, a esquadra brasileira colocou em prática o plano de Bartolomé Mitre e ultrapassou Humaitá pelo rio Paraguai, cruzando quase incólume o fogo da artilharia paraguaia. Agora posicionados perto de Assunção, os navios brasileiros impediam que a capital enviasse víveres aos defensores da fortaleza. Aos paraguaios encurralados em Humaitá, só restava tentar romper o cerco aliado por terra ou desafiar o bloqueio aliado sobre as águas do rio.

No dia 3 de maio de 1868, o batalhão de Dionísio enveredou por uma picada junto às margens do Paraguai até se encontrar com uma tropa argentina, que fora recentemente desembarcada ali pelos navios brasileiros. O local escolhido para acampar ficava no meio da selva, junto ao rio. Os soldados do Dezesseis ensarilharam as armas no alto da barranca e puseram-se a derrubar árvores na mata, com foice, machado e facão, abrindo espaço para as barracas e extraindo material para as trincheiras, que os argentinos já haviam começado a construir. Depois, cavaram um fosso ao redor do arraial, circundando o parapeito. Entre o fosso e a margem do rio, havia um caminho estreito que servia de entrada e saída. Dionísio e seus companheiros — outrora, ao desembarcarem no Paraguai, meninos inexperientes — haviam se tornado guerreiros calejados nos últimos doze meses. Trabalhavam rápido, sempre atentos, pois sabiam que aquela posição era excelente e o inimigo decerto tentaria retomá-la.

O sol continuava alto, e as fortificações estavam ainda incompletas, quando um tiroteio estalou nas linhas avançadas. Os soldados que cortavam árvores e cavavam o fosso voltaram correndo, precipitando-se pela estreita passagem junto ao rio, sob fogo dos paraguaios; alguns não tiveram tempo de entrar no arraial e se atiraram dentro da vala. O batalhão Dezesseis ajoelhou-se atrás do parapeito, que ainda estava baixo e deixava os soldados desprotegidos. Lá na orla da mata, no limiar da clareira recém-aberta, surgiram os paraguaios, saltando velozmente sobre os troncos derrubados e as ramagens emaranhadas, com a boca negra de pólvora (pois era preciso morder os cartuchos antes de usá-los). No acampamento aliado, os pequenos canhões La Hitte começaram a cuspir fogo, e o batalhão de Dionísio disparou seus fuzis. Os atacantes tombavam aos montões. Mesmo assim, avançavam resolutos, sem hesitar um instante. Enquanto isso, o fogo dos aliados ia escasseando, pois os cartuchos acabavam. Se os paraguaios atravessassem o fosso, seria preciso combatê-los corpo a corpo. Nisso, um navio brasileiro surgiu sobre as águas e começou a metralhar o inimigo pelo flanco. A noite ia caindo e espalhava suas sombras quando as linhas paraguaias finalmente titubearam e começaram a recuar. Os canhões e os fuzis continuaram dizimando as fileiras que debandavam, e os corpos alvejados misturavam-se aos troncos caídos e à ramaria vermelha de sangue.

À noite, Dionísio e seus companheiros de batalhão saíram para recolher alguns feridos inimigos. No escuro, encontravam-nos pelos gemidos ou pelo farfalhar dos galhos, que os corpos em convulsão faziam balançar. Dionísio foi encarregado de comandar uma companhia nas linhas avançadas para se assegurar de que os inimigos não atacariam novamente. Ao amanhecer, trocaram alguns tiros com um grupo de paraguaios, que vinha recolher seus feridos. A companhia de Dionísio avançou mais um pouco.

E então avistaram o menino.

Tinha cabelos louros, cortados à escovinha, olhos azuis e pele pálida como uma mortalha. Estava deitado em uma grande poça de sangue coagulado. Faltava-lhe uma perna.

"Teria, quando muito, 15 anos", conta Dionísio. "Perto, estava a perna cortada acima do joelho por um projétil da esquadra. O menino fitou-nos com olhar amortecido e, sorrindo tristemente, disse em bom espanhol: '*Yo soy guapo*'."[1]

Dionísio mandou buscar uma padiola e o acompanhou ao hospital improvisado. Não chegou a registrar o nome do rapaz, que morreu naquele mesmo dia.

Nem todos os invasores eram assim tão bondosos.

Na fase final do conflito, muitos soldados aliados raptaram crianças extraviadas, tomando-as como cativas ou troféus de guerra e exigindo resgates das famílias. Um exemplo famoso é Manuel Domecq García, que se perdeu da família após a morte do pai em Humaitá. Foi encontrado por soldados brasileiros, que cobraram 8 libras esterlinas para devolvê-lo à tia, Concepción Domecq Decoud. Mais tarde, Manuel mudou-se para a Argentina, naturalizou-se e ingressou na Marinha de guerra — chegando a se tornar almirante e ministro da Marinha argentina sob o governo de Marcelo T. Alvear (1922–28). Sua história demonstra que, naquele momento da invasão, o rapto de crianças tornara-se um negócio rentável, praticado tanto por brasileiros quanto por argentinos.

O uso de meninos no Exército paraguaio, comum desde o início da guerra, aumentou imensamente nas últimas semanas de 1868 e continuou crescendo até o fim do conflito, à medida que o contingente de homens adultos era gradualmente dizimado pelos combates e pelas doenças. Enquanto isso, o interior do país ia se transformando numa paisagem devastada e apocalíptica. Sem recursos e sem ajuda do governo, as mulheres tinham de tomar o lugar dos homens, plantando, colhendo e cuidando dos animais. Ante o avanço dos invasores, a maioria dos moradores de vilas e ranchos fugia para dentro das matas. Nos derradeiros momentos da guerra, o povo do interior paraguaio teve de se alimentar de sapos, rãs e cobras. Quem fugisse ao recrutamento era submetido a punições severas pelo governo de López. Caso uma criança tentasse desertar, os bens de sua família poderiam ser confiscados, e a mãe e as irmãs, deportadas para regiões longínquas.

Para os pobres meninos paraguaios, não restava alternativa além de lutar até a morte.

TOMADA DE HUMAITÁ

Cercada por todos os lados, sob o fogo das carabinas aliadas e da esquadra brasileira, a guarnição de Humaitá demonstrou bravura extraordinária.

Em 14 de julho de 1868, bem no meio do inverno, o comandante da guarnição enviou um soldado chamado Francisco Ortega com um despacho, que devia ser entregue na estação telegráfica de Timbó e dali transmitido ao quartel-general de Solano López. Ao norte da fortaleza, havia uma lagoa chamada Berá, que se comunicava com o rio Paraguai e se estendia até Timbó. Altas horas da noite, Ortega embarcou numa canoa, sozinho, e tentou alcançar o rio através da lagoa, passando em frente ao acampamento aliado de Andaí. Naquele ponto, havia três sentinelas brasileiros: um em terra firme e dois dentro do arroio, com água até os joelhos. Por volta das 2 da madrugada, os sentinelas na água avistaram uma sombra que deslizava em silêncio.

"Alto! Quem vem lá?", gritaram os brasileiros.

Como não houve resposta, os três fizeram fogo. Depois, o silêncio retornou, absoluto. Não ouviram grito nem gemido.

Quando o sol rompeu, os sentinelas brasileiros avistaram um cadáver a cerca de 20 metros. Estava atirado na margem, com metade do corpo dentro d'água, da cintura para baixo. Foram inspecioná-lo. Um tiro lhe varara o peito; a panturrilha e a coxa tinham sido devoradas por um jacaré. Ainda assim, Francisco Ortega não largara o despacho: tinha-o firmemente preso na mão e apertado contra o peito. Arrastara-se pela margem, mesmo ferido de morte, tentando entregar a mensagem que lhe fora confiada, até o último suspiro.

Impressionados, os brasileiros sepultaram o inimigo e cravaram sobre o túmulo uma placa com as palavras "Aqui jaz um bravo".

A guarnição de Humaitá era formada por cerca de 3 mil homens e 300 mulheres, incluindo velhos e crianças. Quando o cerco começou, contavam com grandes depósitos de milho, carne-seca, conservas enlatadas, canha e vinho. Mas os meses passaram, e a comida escasseou. Mais cedo ou mais tarde, a fortaleza cairia pela fome. Para que o estandarte paraguaio não tombasse nas mãos do inimigo — o que seria visto como uma desonra nacional —, Solano López enviou uma mensagem à guarnição, ordenando que evacuassem Humaitá. Em 23 de julho, a banda começou a tocar músicas alegres, e houve dança e cantoria — tudo bem alto, para que os inimigos escutassem. A banda seguia tocando ao amanhecer do dia 24, enquanto o coronel Francisco Martínez, comandante da guarnição, liderava a retirada. Em algumas horas, as 3.300 pessoas foram embarcadas em dezessete canoas e duas chatas, que cruzaram silenciosamente a lagoa Berá em direção à estreita península Isla-potí. Fizeram isso esquivando-se dos sentinelas terrestres e da esquadra que dominava o rio. Somente no dia 25 os aliados perceberam o que havia acontecido e então finalmente marcharam sobre Humaitá: encontraram-na deserta, sem suprimentos e com os canhões inutilizados. Logo, as bandeiras do Império tremulavam sobre a fortaleza.

Para completar a fuga, os paraguaios precisavam partir de Isla-potí, navegar pelo restante da lagoa e refugiar-se ao norte. Os aliados, contudo, localizaram o reduto e o cercaram por terra e água no dia 26 de julho. Mesmo assim, o coronel Martínez tentou completar a retirada, conforme as ordens de López, e romper o cerco do jeito que pudesse. Então começou um dos episódios mais desesperados, dramáticos e aterradores nesse conflito tão abundante em cenas formidáveis.

Os aliados haviam disposto duas linhas de embarcações na lagoa Berá, ao redor de Isla-potí: 24 botes brasileiros e quatro argentinos, alguns armados com canhões. Lá do rio, os encouraçados da esquadra brasileira varriam a península com tiros a metralha. E, no acampamento de Andaí, 2 mil carabineiros e 11 peças de artilharia alvejavam quem tentasse cruzar as águas. Mas isso não impediu que, durante uma semana, tão logo caísse a noite, as canoas paraguaias deslizassem pela superfície da lagoa, precipitando contra os inimigos na tentativa de atravessar a dupla barreira.

Nas embarcações paraguaias, viajavam soldados de infantaria, armados de fuzis, e cavalarianos com sabres afiados. Primeiro, à distância de 200 metros, os infantes disparavam as armas de fogo; então, as canoas paraguaias atropelavam os botes aliados, e, a partir daí, a luta era corpo a corpo, peito a peito, com sabre e baioneta, e o entrechoque das lâminas soltava chispas que eram avistadas de longe — tudo isso em meio a uma gritaria infernal e sob o fogo constante dos canhões e dos encouraçados. A cada noite, um terço dos paraguaios embarcados acabava boiando na lagoa. Os que conseguiam passar saltavam na margem oposta gargalhando e gritando zombarias contra os adversários. Após desembarcarem as mulheres e as crianças, os soldados retornavam às canoas e voltavam a atravessar o paredão de fogo. Dionísio Cerqueira, que estava em Andaí nessa época, descreve a cena dantesca:

> À noite, essas lutas assumiam proporções fantasticamente trágicas. As canoas paraguaias, cheias de guerreiros, com as mulheres e os filhos, tentavam romper nossa linha de escaleres e chalanas; o manto lôbrego das trevas estrelava de lantejoulas cintilantes: eram os pirilampos da morte, que voavam das almas das carabinas, rubros como o sangue que derramavam. Depois, mais e mais, achegavam-se, e a luta corpo a corpo travava-se furiosa. Feridos, caíam alguns no fundo dos barcos: eram os mais felizes. Os outros afundiam-se com os mortos, nos juncais da lagoa histórica. No dia seguinte, o sol iluminava cadáveres mutilados pelo sabre e machadinho de abordagem. Boiavam plácidos, brasileiros e paraguaios, com os ódios apagados pela morte.

Dos 3.300 sitiados, cerca de um terço conseguiu escapar. Os outros ou morreram, ou, presos em Isla-potí, começaram a definhar. Sem mantimentos, mataram os cavalos para comê-los; mas os cavalos acabaram, e os soldados passaram a morrer de fome. Após uma resistência bravia, o coronel Martínez finalmente se rendeu no dia 5 de agosto. Conta o alferes Dionísio que os brasileiros, impressionados com a valentia do inimigo, trataram os prisioneiros como camaradas.

Ao entrarem na fortificação de Isla-potí, os aliados se depararam com velhos, mulheres e crianças com pernas e braços dilacerados, olhos sangrando, crânios perfurados e outros ferimentos horríveis. Uns estavam atirados na grama, outros encostados em árvores. E lá no meio Dionísio avistou o heroico coronel Martínez, que resistira por dez dias, comera carne de cavalo, sobrevivera ao lançamento de mais de 10 mil bombas inimigas e capitulara apenas na última necessidade: um homem alto, forte, loiro e completamente exausto.

Após a ocupação de Humaitá, em agosto de 1868, o batalhão de Dionísio Cerqueira seguiu com o 3º Corpo do Exército brasileiro, sob o comando de Osório, em direção ao norte, no encalço de Solano López. O marquês de Caxias acompanhava a marcha.

Em março de 1868, López estabelecera seu quartel-general em San Fernando, uma estância do Estado a um quilômetro do rio Tebicuary. Lá havia gado para alimentar os soldados e um terreno seco o bastante para suportar construções. Instalou-se uma linha telegráfica, ligando o quartel a outras posições defensivas. Os paraguaios também ergueram galpões, ranchos e uma oficina de armamentos. Ao redor, nas áreas alagadas, construíram suas cabanas, conferindo ao local o aspecto de uma pequena aldeia. Perto dos alojamentos de López, ergueu-se uma pequena igreja de formato octogonal, onde o marechal ia escutar as missas celebradas por seu conselheiro, o bispo Palacios.

No início de setembro, as tropas brasileiras transpuseram o Tebicuary, cujo passo não tinha grande largura. Alguns soldados atravessaram o rio em belonaves da esquadra brasileira; outros, em pontões, ou plataformas flutuantes, ligadas a cabos de vaivém.

Ninguém veio atacá-los. A margem norte do Tebicuary estava deserta. Logo ficou claro que os paraguaios haviam abandonado San Fernando, fugindo para um novo reduto, mais ao norte. A caçada a Solano López teria de continuar.

Enquanto buscavam um local para erguer suas barracas, os soldados do Dezesseis sentiram um cheiro de matadouro. No lugar onde antes se erguera o quartel de San Fernando, depararam-se com uma cena que bem poderia ter saído das mais tenebrosas gravuras de Francisco Goya. Segundo a descrição de Dionísio:

> *Urubus negros, e camirangas com as pontas das asas esbranquiçadas, revoavam em círculo, disputando a posse de pedaços de carniça [...] À medida que acercávamos, eram mais numerosos; já não se levantavam em bandos; pareciam mais mansos ou fazer pouco caso de nós; olhavam-nos curiosos, ensaiavam curtas carreiras abrindo as asas largas, e davam pulos, crocitando.*

Logo adiante, havia uma vala imensa, entulhada de cadáveres, inchados e escurecidos pela decomposição. Eram jovens e velhos, todos nus, com a garganta cortada, o peito rasgado por lanças, o ventre aberto e derramado, as órbitas escavadas pelo bico dos urubus. Havia outras valas menores, perto de um laranjal, todas descobertas. Em cada vala, despontava uma vara fincada na garganta ou na boca de um cadáver, com o letreiro: "*Traidores a la patria*".[2]

> *Não era possível contar os cadáveres [...] Estavam empilhados em desordem. Havia centenares. Parecia terem sido trucidados ali mesmo, à beira das enormes sepulturas. O chão, em derredor, tinha ainda sinais de sangue derramado. Paraguaios que estavam conosco disseram-nos os nomes de alguns supliciados, que formavam o escol da alta sociedade de seu país... Parentes e amigos dedicados del Supremo jaziam naquelas covas, de propósito descobertas, para que nós os víssemos bem.*

Movimentações até Humaitá

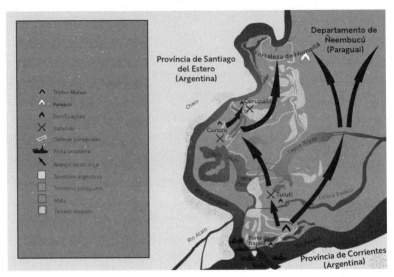

OS JULGAMENTOS DE LÓPEZ

O batalhão de Dionísio Cerqueira havia se deparado com os vestígios da Matança de San Fernando, ocorrida em agosto de 1868. A devastação do Paraguai ocorreu não apenas pelo avanço das tropas invasoras mas também pela opressão sangrenta de Solano López, que passou a desconfiar de quase todos que o cercavam e só dava crédito a quem lhe fizesse delações.

Desde que os navios brasileiros haviam ultrapassado Humaitá, em fevereiro de 1868, o *Mariscal* tornou-se taciturno e eriçado, feito um jaguar acuado na selva. Como costuma acontecer em circunstâncias de poder absoluto, uma frase mal calculada ou uma simples figura de linguagem eram o suficiente para despertar seus receios mais tenebrosos e violentos. Ante o avanço dos navios brasileiros, o tesoureiro-geral do Paraguai, Samuel Bedoya, observou, talvez por brincadeira, que as pessoas importantes em Assunção quem sabe decidissem instalar um novo governo, "que teremos de ir tirar, puxando-o pela orelha". A frase chegou aos ouvidos do *Mariscal*, que, a partir daí, ficou convencido de que havia uma conspiração para destroná-lo.

Havia meses, López estava longe de Assunção: embora não participasse dos combates, instalara-se com seu estado-maior em sucessivos quartéis e acampamentos. Durante esse tempo, o governo da capital ficou a cargo do vice-presidente Francisco Sánchez e de um Conselho Consultivo, do qual fazia parte Benigno López. Ao saber que a esquadra imperial estava próxima de Assunção, o comandante das armas da capital, Venancio López, pediu que o Conselho se reunisse para decidir quais medidas tomar. Havia pouca munição na cidade e, se a guarnição disparasse contra as belonaves brasileiras, o combate seria curto. Mesmo assim, o Conselho decidiu atacar os navios, caso aparecessem na baía de Assunção, e também transferir a capital para Luque, cidade vizinha fora do alcance dos canhões brasileiros. Venancio López, ao que parece, não ficou satisfeito com o resultado, pois convocou uma segunda reunião, em sua casa. Mas a decisão de dar combate aos aliados permaneceu.

Solano López ficou furioso ao descobrir que o Conselho se reunira sem consultá-lo. A presença de seus irmãos no encontro deixou-o especialmente irritado. Por telégrafo, ordenou que várias figuras públicas de Assunção viessem ao seu quartel-general para dar explicações — entre as quais Venancio e Benigno.

Benigno López recebeu a mensagem em sua estância, no Departamento de Concepción, e cavalgou até o acampamento de Solano. Chegando lá, foi interpelado pelo irmão, que lhe perguntou: "*¡Y bien!* O que vocês pensavam fazer lá na capital?".

Benigno, impassível, respondeu com toda naturalidade: "Senhor, como não estávamos recebendo notícias suas, nem do Exército, desde que Humaitá fora sitiada pelo inimigo, achamos que seria o momento de pensar e tomar alguma decisão no sentido de salvar nossas pessoas e nossos interesses".

Benigno mal acabara de falar quando o marechal virou o rosto para um oficial presente, o coronel Caballero, e exclamou: "Já vês, Caballero, como estes são mais *negros* do que os próprios *negros*". López referia-se aos súditos de dom Pedro II como "negros" ou, em guarani paraguaio, *"los cambá"*. Queria dizer, portanto, que o pessoal de Assunção era mais brasileiro que os brasileiros.

Em seguida, o *Mariscal* ordenou que Benigno ficasse em prisão domiciliar, no quartel de San Fernando, e o proibiu de se comunicar com qualquer pessoa, exceto o ordenança que o acompanhava. Um dia, um sentinela surpreendeu um jovem corneteiro que, contrariando as ordens do *Mariscal*, aproximava-se da casa onde estava preso Benigno López. Submetido a um interrogatório severo, o corneteiro disse que Benigno tinha um plano para assassinar Solano e que várias figuras importantes estavam envolvidas na conspiração, como Venancio López e o tesoureiro Samuel Bedoya. Segundo o corneteiro, o plano de Benigno era encontrar alguém que apunhalasse Solano, pois considerava mais seguro matá-lo com arma branca que com arma de fogo; depois, Benigno e os conspiradores roubariam os cavalos do *Mariscal* e fugiriam para as linhas brasileiras.

Solano mandou acorrentar Benigno à sombra de um bosque, a alguns metros do acampamento, e reuniu seu estado-maior às pressas no corredor do quartel-general. Anunciou que uma grande e terrível conspiração fora revelada e perguntou quais medidas deveria adotar contra os conjurados. O general Resquín foi o primeiro a se manifestar: "Senhor, penso que, para abreviar todo o procedimento, deveria adotar os meios autorizados pelos ordenanças para tratar os traidores contumazes, ou seja, a tortura!".

Vendo que os outros não aprovavam nem desaprovavam a proposta, o *Mariscal* respondeu que, no século XIX, já não se costumavam empregar esses meios. Em seguida, o bispo Palacios deu sua opinião: que o *Mariscal* deveria fuzilar todos os cúmplices, à medida que fossem descobertos... Antes que o bispo terminasse de falar, López fez-lhe uma reverência e disse em tom sarcástico: "Ilustríssimo senhor! Vossa senhoria ilustríssima há de compreender que tenho especial interesse em saber também o que eles sabem, de modo que não me convém de forma alguma essa medida que propõe...".

Em seguida, López estabeleceu seis tribunais militares para julgar os supostos conspiradores. Os acusados não tiveram advogados, tampouco puderam defender-se pessoalmente. Os oficiais encarregados de fazer o julgamento levavam a López as declarações dos réus e voltavam com novas perguntas elaboradas por ele; na prática, era o próprio presidente quem os julgava. Embora López tivesse repudiado em público o uso da tortura, os réus eram chicoteados, espancados ou tinham as mãos esmagadas por martelos, até confessarem a traição. Enquanto os julgamentos se desenrolavam, os presos ficavam em um terreno cercado de estacas, a céu aberto, sob o sol e as tempestades; e os guardas só lhes davam de comer as entranhas dos animais mortos.

Quase todos os homens importantes de Assunção e do interior paraguaio foram levados a San Fernando. As suspeitas passaram a derrubar também alguns dos seguidores mais próximos do *Mariscal* — entre os quais o general José Vicente Barrios, cunhado de López, o mesmo que chamara os brasileiros de "pão comido" durante a conferência de Iataití-Corá. Alguns dias após receber a ordem de prisão domiciliar, Barrios aqueceu água, tomou uns mates, depois pegou uma navalha e cortou a própria garganta. O golpe, contudo, não seccionou a artéria, e os cirurgiões do Exército conseguiram costurar a ferida. Mantiveram-no vivo para o pelotão de fuzilamento.

O terror e a desconfiança imperavam no acampamento: qualquer palavra piedosa em relação aos réus podia ser vista como deslealdade. "San Fernando, nessa ocasião, se transformou em um verdadeiro inferno!", escreve Juan Crisóstomo Centurión, que testemunhou tudo.

> *Por onde quer que se olhasse, só se viam presos, todos pessoas respeitáveis, conhecidas, e com quem estávamos ligados por vínculos de parentesco, de amizade ou de gratidão. Por todos os lados, não se escutava outra coisa além do gemido dos sofrimentos, ais de dor e desespero e os clamores de muito inocentes que a calúnia arrastava e precipitava numa voragem infernal, donde ninguém voltava a sair com vida.*

O próprio Centurión quase tombou entre os acusados de traição. Certo dia, recolhia o depoimento de um prisioneiro quando uma multidão começou a atirar gravetos e porções de estrume no réu. Centurión ergueu-se e mandou que parassem: "Deixem-no; já está nas mãos da justiça, e não é certo que lhe façam mais nada", teria dito. A frase misericordiosa chegou aos ouvidos do general Resquín, que o acusou de simpatizar com os traidores e ameaçou fuzilá-lo. Centurión pediu clemência pessoalmente ao *Mariscal*, que o recebeu com o cenho carregado e um ar sorumbático, talvez escutando "os remorsos de sua consciência pelas atrocidades que mandara executar". Quando Centurión lhe jurou inocência, López o encarou e disse: "Sim... isso é o que todos dizem... Veremos. Retire-se!".

Centurión, contudo, foi poupado e permaneceu ao lado do *Mariscal* até o fim.

Também havia mulheres entre os réus — entre as quais Doña Juliana Insfrán, esposa do coronel Martínez, o bravo defensor de Humaitá. Embora houvesse ordenado a evacuação da fortaleza, López enfureceu-se ao saber que Martínez havia se rendido em Isla-potí e o acusou de traição. Como Martínez estava em poder dos brasileiros, López descarregou sua raiva na mulher do oficial. Doña Juliana, cuja fama de graça e beleza era conhecida mesmo entre os brasileiros, foi amarrada num cepo e chicoteada várias vezes. Mesmo assim, negou-se a abjurar o marido. Ela era amiga íntima de Elisa Lynch e morara com ela na casa na *calle* Fábrica de Balas e no palácio de verão em Patiño-Cué. A irlandesa, contudo, parece nada ter feito para ajudar sua injustiçada e heroica amiga. Em outros casos, conseguira salvar inocentes, intercedendo junto a López. Porém, após a queda de Humaitá, o *Mariscal* estava mergulhado numa fúria assustadora, que aterrorizava não apenas Elisa como todos a sua volta.

Com as costas em carne viva e coberta de feridas, Juliana Insfrán foi obrigada a seguir as tropas paraguaias em setembro de 1868 quando López ordenou que o quartel-general fosse transferido para Piquissirí, mais ao norte, junto a um conjunto de morros chamados Lomas Valentinas. Em San Fernando, os urubus baixavam sobre as valas cheias de mortos, enquanto os prisioneiros sobreviventes eram forçados a marchar por 200 quilômetros em sete dias, com grilhões nos pés, às vezes com água até a cintura. Anos mais tarde, Julián N. Godoy, ajudante de ordens de López, declarou que os soldados eram instruídos a degolar ou lancear as mulheres que não conseguissem seguir adiante.

Em Lomas Valentinas, os julgamentos continuaram. O padre Fidel Maíz serviu como acusador nesse processo, assim como o general Resquín. Maíz, antigo instrutor de López, passara um tempo aprisionado como oposicionista, mas foi substituindo o bispo Palacios nas preferências do *Mariscal* e voltara a cair em suas graças, após defender a Igreja paraguaia em carta ao papa Pio IX. Em novembro, Maíz e Resquín entregaram a López uma lista de réus que, na opinião deles, deveriam ser fuzilados. O documento incluía Benigno, Venancio López e o bispo. O *Mariscal* marcou com um X aqueles que deveriam ser mortos. Poupou Venancio, que era padrinho de seu filho Panchito, mas manteve a condenação de Benigno.

As últimas execuções ocorreram em 21 de novembro. O bispo Palacios, que alguns meses antes bebia champanhe com Solano à sobremesa, foi colocado de costas em frente ao pelotão de fuzilamento — assim matavam-se os traidores da pátria. Fez uma oração jurando inocência e culpando as intrigas de Fidel Maíz por sua condenação injusta; depois, tombou sob as balas. Em seguida, marcharam à morte o general Barrios e Benigno López. Doña Juliana, que não conseguia parar em pé, foi amarrada a uma estaca antes de ser fuzilada. Ao fim das execuções, o pelotão soltou um grito de "*¡Viva el Mariscal!*".

E o próprio a tudo assistia: à distância.

Até hoje há incerteza sobre a veracidade da conspiração que levou à morte quase toda a elite paraguaia — afinal, não houve provas, exceto as confissões sob tortura. Segundo George Thompson, o objetivo dos julgamentos era se apoderar de todo o dinheiro público e privado que houvesse no país, pois as fortunas dos réus foram confiscadas durante o processo. Já Arturo Bray afirma que houve, sim, uma conspiração — e que ela de fato se originou na família López, como Solano desconfiara. Segundo Bray, a reunião do Conselho em Assunção foi, na verdade, convocada por Juana Carrillo, mãe de López. Temendo que o *Mariscal* arruinasse completamente o Paraguai e destruísse a fortuna da família, Juana queria negociar a paz com os aliados. Nessa ocasião, ela teria confirmado os rumores de que Solano não era filho de Carlos Antonio López e, portanto, não tinha direito de ocupar a presidência. Era um usurpador e merecia ser derrubado.

Seja como for, Francisco Solano López continuou no poder. E, mesmo após a morte de Benigno, não deu por encerrada sua desavença com o restante da família. Venancio foi condenado a dez anos de prisão, e a desconfiança do *Mariscal* também recaiu sobre suas irmãs, Inocencia e Monica Rafaela. E, antes que a maldita guerra acabasse, Juana Carrillo ainda teria de enfrentar a vingança do próprio filho.

AVANÇANDO SOBRE O CHACO

Enquanto os prisioneiros de López afundavam nos pântanos, apodreciam nos campos ou tombavam diante do pelotão, as forças aliadas marchavam no encalço do *Supremo*.

A nova posição de López, em Lomas Valentinas, era muito favorável. Ao sul, havia uma região pantanosa e desolada, logo abaixo de uma poderosa trincheira. A oeste, onde o Piquissirí desembocava no Paraguai, a fortificação Angostura fora recentemente erguida e dificultava o desembarque dos invasores pelo rio. O marquês de Caxias optou por uma estratégia ousada: contornar a posição paraguaia e atacá-la pela retaguarda. Para isso, seria preciso atravessar o rio Paraguai, cruzar a inóspita região do Chaco e outra vez o rio, mais ao norte. Para realizar essa manobra complicada, seria preciso construir uma estrada atravessando o Chaco, na margem esquerda do Paraguai — e isso teria de ser feito muito rápido, pois em breve viria o período das chuvas, e toda aquela região ficaria submersa pelas cheias. Ao ser informado sobre o plano de Caxias, provavelmente por um espião, López disse que os brasileiros teriam o mesmo destino do exército do faraó, que se afogou no mar Vermelho enquanto perseguia os hebreus.

O Dezesseis, batalhão de Dionísio Cerqueira, cruzou o rio Paraguai em 11 de outubro. Sua tarefa era fazer um reconhecimento e abrir caminho para os engenheiros que construiriam a estrada. Dionísio e seus companheiros desceram num barranco lamacento, coberto por capim e habitado por capivaras. Avançaram por uma região cheia de macegais, lagoas e brejos. Nos galhos, a muitos metros de altura, avistavam-se raízes e bolos de gravetos, pendurados nos galhos mais altos: era a marca das águas, indicando aonde chegava o rio nos tempos de inundação.

Os soldados seguiam pelo terreno úmido, cercado de matas, o ar empesteado com cheiro de mofo, lama e madeira apodrecida, o que os atormentava especialmente à noite, quando tinham de dormir com a cabeça perto do chão. Enquanto avançavam pelo terreno desconhecido, a vanguarda sofria tocaias do inimigo. Um dia, montado em seu cavalo tordilho, na orla da mata, o alferes Dionísio viu surgir um braço musculoso que se esticava para agarrar o bridão. O animal se assustou e deu um salto, enquanto o alferes desceu o sabre contra o braço do atacante. Pouco depois, duas balas zuniram perto de sua cabeça, mas os inimigos correram para longe. O tordilho o salvou da emboscada, permitindo que vivesse para contar essa história.

Enquanto o Dezesseis perfurava o terreno hostil, lá atrás vinham os engenheiros com suas equipes, erguendo pontes e forrando o solo movediço com troncos de árvores. A construção da estrada envolveu 3.500 homens, e mais de 6 mil palmeiras foram derrubadas para pavimentar o caminho. As águas do Paraguai já começavam a subir, ameaçadoramente, quando a esquadra brasileira transportou o Exército aliado até o Chaco, em dezembro. Durante 48 horas, 23 mil homens marcharam sob chuva, sem descansar, até alcançar o fim da estrada, ao norte. Lá voltaram a embarcar nos navios da esquadra e retornaram à margem direita do Paraguai.

A manobra de Caxias funcionara, e os aliados estavam prestes a tombar sobre o flanco menos protegido de Solano López, na campanha que ficou conhecida como Dezembrada.

A manobra de Caxias

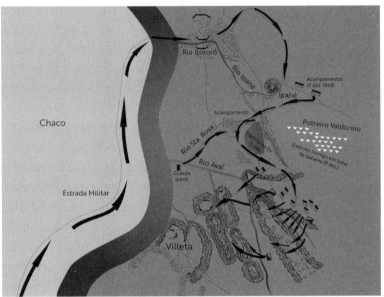

A BATALHA DE ITORORÓ

Em 6 de dezembro, ao toque de alvorada, o Exército aliado marchou para o sul, rumo à retaguarda da linha inimiga, mas o general paraguaio Bernardino Caballero tentou deter os invasores com 5 mil homens e oito canhões às margens do arroio Itororó — e quase conseguiu. Os paraguaios estavam protegidos atrás da vegetação das barrancas, e, para alcançá-los, os brasileiros teriam de atravessar uma ponte com 3 metros de largura e 10 de comprimento, erguida a 4 metros de altura, sobre as águas do arroio. As tropas aliadas investiram três vezes, mas eram sempre repelidas: apenas seis soldados conseguiam atravessar a ponte por vez e, ao chegarem ao outro lado, eram fuzilados pelos atiradores paraguaios atrás dos arbustos. Os batalhões se sucediam sobre a ponte, dizimados um depois do outro. Após quatro horas de combate, os brasileiros começavam a recuar em desordem quando o marquês de Caxias recorreu a um gesto quase suicida: desembainhou a espada e galopou em direção à ponte.

Dionísio Cerqueira, que estava a postos defendendo uma estrada lateral, viu-o cruzar a galope:

> *Passou pela nossa frente animado, ereto no cavalo, o boné de capa branca com tapa-nuca, de pala levantada e preso ao queixo, pela jugular, a espada curva desembainhada, empunhada com vigor, e presa pelo fiador de ouro, o velho general em chefe, que parecia ter recuperado a energia e o fogo dos vinte anos. Era realmente belo.*

O cavalo de Caxias foi derrubado a tiros, assim como vários homens que o acompanhavam. Se o marquês tombasse ali, era muito provável que a tropa inteira debandasse, e os rumos da guerra poderiam mudar de forma imprevisível. Mas Caxias, surpreendentemente, sobreviveu. Só então a tropa brasileira, entusiasmada, atravessou a ponte correndo e derrotou os paraguaios, que já estavam quase sem munição e combatiam apenas com baionetas.

Por causa da hesitação dos soldados em avançar pela ponte estreita sob a mira de atiradores paraguaios, 45 oficiais brasileiros tombaram no Itororó, e houve 1.356 feridos. Do lado paraguaio, morreram 1.600 soldados. A estratégia de Caxias estava dando certo — mas o marquês quase septuagenário demonstrava uma crescente exaustão, e até mesmo certa náusea, por aquele conflito que não acabava nunca. Apesar dos louvores ufanistas que cercavam sua atuação na guerra, já em 1867 Caxias expressara seu desgosto com a tarefa ingrata de liderar o Exército aliado, em uma carta a Silveira da Mota: "estou disposto a tudo sofrer, desde que caí na asneira de sair de minha casa, depois de velho, com a missão de desmanchar as asneiras que se fizeram por cá".

UM FERIMENTO NA CABEÇA

Cinco dias após a matança em Itororó, as tropas aliadas derrotaram mais uma vez o general Caballero, sob um forte temporal, na Batalha de Avaí. Durante a luta, o general Osório, que estava comandando a cavalaria, teve a mandíbula quase arrancada por um tiro. Para que os soldados não debandassem, ele escondeu o ferimento sob o poncho e continuou lutando, até que a perda de sangue o obrigou a parar. O general foi socorrido após a batalha, mas a lesão, que demoraria a cicatrizar, dificultou-lhe a fala ainda na fase final da guerra.

Em 21 de dezembro — mesmo dia em que López mandou fuzilar os supostos conspiradores —, o batalhão de Dionísio Cerqueira ergueu o bivaque num capão de mato, atrás das trincheiras paraguaias, em Lomas Valentinas. O dia estava pesado, com nuvens enormes acumuladas no horizonte. À hora do almoço, o capitão Castelo Branco, que então comandava o Dezesseis, convidou Dionísio para dividir uma lata de linguiças.

"Comamos, que talvez seja a última vez."

Mais tarde, foram espreitar as posições inimigas. Atrás de uma moita, observaram as fortificações do *Mariscal*, no alto de uma colina. Canhões apareciam no parapeito, e muitas baionetas cintilavam sob o sol.

"Vês como estão cheias aquelas trincheiras?", disse Castelo Branco. "Vamos ter hoje muito o que fazer. A jornada será das mais terríveis."

"É verdade", respondeu Dionísio. "Seja o que Deus quiser."

Pouco depois, às 15 horas, o Dezesseis recebeu ordens de avançar contra as trincheiras inimigas. Dionísio e Castelo Branco despediram-se com um abraço. Depois, começaram a marchar. Passaram pelo marquês, que lhes disse, apontando a colina:

"Ali está o López."

O alferes Dionísio galopou em seu cavalo tordilho, enquanto os fogos da artilharia se acendiam subitamente no alto dos parapeitos. Os soldados do Dezesseis lançaram-se no fosso, tentando alcançar a trincheira, mas a fuzilada espalhava corpos pelo chão.

O tordilho do alferes dançava, de um lado para outro. De repente, Dionísio sentiu um estrondo na cabeça, como o golpe de um martelo na bigorna. Fora atingido. O cavalo se empinou, e o alferes caiu sem sentidos.

Acordou após um tempo. Conseguiu se levantar, com o uniforme ensanguentado. O cavalo não fugira, e Dionísio conseguiu montá-lo. Vendo seu estado, o capitão lhe disse: "Não podes mais prestar serviços; vai curar-te no hospital de sangue".

Dionísio passou dias desmemoriado, esquecido até mesmo do uso da fala. A ferida gangrenou, e o alferes teve de passar por uma operação apavorante: a pele necrosada foi cortada fora, e ele ficou com parte do crânio à mostra, como uma caveira.

Quando finalmente se recuperou, três meses depois, tudo havia mudado.

Dos cerca de trezentos integrantes do batalhão Dezesseis, um terço havia tombado no primeiro ataque a Lomas Valentinas — inclusive o capitão Castelo Branco, com quem Dionísio dividira a última lata de linguiças. Após a investida inicial, Caxias comandara um segundo ataque, em 27 de dezembro, combinando as forças brasileiras, argentinas e o pequeno contingente de uruguaios que ainda permanecia no Paraguai. Dessa vez, o quartel-general de López foi ocupado, e suas forças, totalmente devastadas. Mesmo assim, o *Mariscal* conseguiu escapar. Enquanto tomavam as trincheiras, os invasores avistaram Solano fugir em seu cavalo Mandiyú, acompanhado por Elisa Lynch e seu estado-maior, por um caminho na retaguarda do combate, chamado Potreiro de Mármol. Ninguém se mexeu para persegui-lo. As estranhas circunstâncias da fuga deram origem ao boato de que Caxias teria permitido a evasão do inimigo. Segundo esse rumor, o marquês teria facilitado a fuga de Solano a pedido do representante norte-americano no Paraguai; outros diziam que fora um ato de cortesia, já que tanto Caxias quanto López eram maçons. No Brasil, os inimigos do marquês o acusaram de incompetência. Seja como for, Solano López fugiu de Lomas Valentinas para Cerro León e dali para a Cordilheira de Ascurra, onde reuniu as poucas forças que restavam para a última e desesperada resistência.

No dia 1º de janeiro de 1869, Assunção foi ocupada e saqueada por brasileiros e argentinos — os móveis de Elisa Lynch foram enviados para o palácio presidencial de Buenos Aires. Caxias, a essa altura, havia chegado ao limite das forças. No dia 17, o velho marquês desmaiou enquanto assistia à missa na catedral de Assunção e ficou meia hora sem sentidos. Dois dias depois, partia rumo a Montevidéu. Após destruir as forças paraguaias em Lomas Valentinas, Caxias dera a guerra por acabada. Em sua opinião, a honra nacional estava lavada e não havia sentido em dar continuidade ao terrível conflito — que, na avaliação do próprio marquês, já atrasara o Paraguai "em cinquenta anos". Dom Pedro II, no entanto, continuou inflexível: não aceitava encerrar o conflito sem a captura ou a rendição incondicional de Solano López. Como Caxias se recusou a seguir lutando, o imperador designou seu genro Luis Fernando Gastão de Órleans, o conde d'Eu, para completar a tarefa inacabada. Aos 27 anos, o conde tinha pouca experiência militar e aceitou a missão a contragosto. Sob sua liderança, a invasão aliada entrou em sua fase mais brutal, conhecida como Campanha da Cordilheira.

UM PRÍNCIPE CRUEL

Desde o início da Dezembrada, à medida que as tropas aliadas avançavam, houve relatos de estupros, saques e execuções sumárias. Segundo o oficial argentino José Garmendia, soldados brasileiros violaram trezentas mulheres paraguaias após a Batalha de Avaí: "A soldadesca desenfreada abriu as válvulas de sua feroz lascívia, e essas infelizes, que haviam visto morrer seus maridos, filhos e noivos, sofreram os ultrajes da luxúria na noite mais negra de suas vidas". Dionísio Cerqueira não faz menção a essas barbaridades em seu relato — pelo contrário, diz que os prisioneiros paraguaios eram bem tratados pelos brasileiros. Em uma ocasião, contudo, ele deixa transparecer a sombra de uma cena atroz.

Após as derrotas de 1868, Solano López refugiara-se na cidadezinha de Peribebuí, na região das cordilheiras, instalando ali sua nova capital. No dia 12 de agosto, as forças aliadas atacaram a cidade, sob o comando do conde d'Eu. Conta Dionísio que seu batalhão galgava as trincheiras e avançava pelo terrapleno quando um rapaz o confrontou com uma lança. O alferes aparou o golpe e seguiu em frente. Nisso, veio correndo em sua direção outro menino que, pela aparência, não teria mais de 12 anos. Estava ensanguentado e fugia de um brasileiro, que já quase o alcançava. O soldadinho agarrou-se a Dionísio e implorou que o salvasse. O alferes mal teve tempo de conter o perseguidor. Um oficial brasileiro passou então a cavalo e gritou:

"Mata."

"Não", respondeu Dionísio. "É um prisioneiro, uma pobre criança e ei de defendê-lo."

"Queres brigar por um paraguaio?"

"Por que não? É meu dever e farias o mesmo."

O oficial esporeou o cavalo e saiu a galope. Depois, Dionísio teria conduzido o menino até a guarda dos prisioneiros; no caminho, passou por uma mulher jovem e bonita, com o filhinho ao lado, junto à porta de uma igreja. Atravessara-os a mesma bala, e estavam mortos.

Já se ouvia o toque de cessar-fogo quando um disparo varou o general João Manuel Mena Barreto, por quem o conde d'Eu tinha um apreço filial. Dionísio Cerqueira não relata o que aconteceu em seguida; mas Juan Crisóstomo Centurión conta que, ao receber a notícia, o príncipe transfigurou-se, assumindo uma expressão colérica; então apontou para dois prisioneiros, o coronel Pedro Pablo Caballero e o magistrado Patricio Marecos, e ordenou sem vacilar: "Degolem-nos, que eles são os culpados".

Centurión conta que:

> *A ordem foi cumprida num abrir e fechar de olhos [...] Com esse ato bárbaro e cruel, o conde manchou seu nome e desonrou as armas brasileiras que tinham alcançado tanto brilho, sob o hábil comando de ilustres e valentes generais como Caxias, Osório, Porto Alegre e o barão do Triunfo.*

Houve mais degolas naquele dia — segundo alguns relatos, as execuções só cessaram graças à intervenção do velho general Mallet. Alfredo Maria Adriano d'Escragnolle Taunay, futuro visconde de Taunay, que participava da invasão como secretário do conde d'Eu, relata a execução de crianças paraguaias pelas forças aliadas em um terrível parágrafo de *Recordações de guerra e de viagem*:

> *Quanta criança de 10 anos, e menos ainda, morta quer de bala, quer lanceada junto às trincheiras que percorri a cavalo, contendo a custo as lágrimas! E naqueles rostos infantis uma expressão estereotipada, ou de muita calma ou então de terror e agonia, que cortava o coração; essa, mais frequente, como se os pobres coitadinhos houvessem expirado, compreendendo bem o horror da morte, quando toda a natureza lhes sorria em torno! Faziam-se prisioneiros, no momento em que eu passava; e entre parênteses, ainda se matava, bem inutilmente, aliás.*

Assim como Dionísio, Taunay diz ter salvado um soldadinho paraguaio da sanha brasileira: após a batalha, teria escondido o menino em seu próprio alojamento, deixando-o ali por uns dias, a dormir no chão, sobre um couro de vaca.

Solano López e Elisa Lynch haviam escapado às pressas, deixando em Peribebuí muitos documentos e pertences valiosos. Taunay viu soldados brasileiros saqueando grande quantidade de moedas de prata na antiga habitação do casal. Em seguida, ele próprio entrou na casa, curioso para ver o famoso piano que Madame Lynch mandara trazer da Europa anos antes. Taunay gostava de tocar piano e havia muito tempo "estava privado daquela distração", como escreve em *Recordações*.

> *Achei, com efeito, o desejado instrumento, bastante bom e afinado, até pus-me logo a tocar nele, embora triste espetáculo ficasse ao lado, o cadáver de um infeliz paraguaio, morto, durante o bombardeio da manhã, por uma granada que furara o teto da casa e lhe arrebentara bem em cima. O desgraçado estava sem cabeça.*

Após tocar por duas horas o piano de Elisa Lynch, Taunay juntou-se a outro oficial na degustação de algumas caixas de vinho e champanhe que a irlandesa deixara para trás. Taunay, que certamente conhecia bebidas caras, garante que jamais bebera um champanhe "tão saboroso e perfumado". Admirou-se do bom gosto da inimiga, mas não deixou de registrar a ideia, comum no Exército brasileiro, de que Elisa era uma mulher sofisticadamente pérfida e que exercia influência nefasta sobre o amante:

Tratava-se em regra a imperiosa e inteligente mulher que teve tão vasta e tão perniciosa influência sobre o espírito de Solano López e tanto concorreu para a desgraça, as loucuras e horrorosos desmandos de seu amante e para as calamidades do valente e mal-aventurado povo paraguaio. Bem curiosa deve ser a história ainda imperfeitamente conhecida dessa Madame Lynch!

Quase até o fim da pavorosa Campanha da Cordilheira, Solano López continuou mandando crianças às batalhas — às vezes com barbas postiças e bigodes pintados para disfarçar a idade. E os brasileiros continuaram a matá-las. Na Batalha de Campo Grande, travada em 16 de agosto — data que hoje é o Dia da Criança no Paraguai —, a maioria dos combatentes eram meninos ou velhos maltrapilhos, com os ossos à mostra, às vezes armados apenas com pedaços de pau. A julgarmos pelo relato de Dionísio Cerqueira, nem todos os soldados brasileiros eram insensíveis ao horror da situação. Jamais saberemos quanto de suas memórias é fiel aos fatos, nem quanto trabalharam sobre ela o esquecimento, os pudores ou mesmo o remorso: assim é com todos os testemunhos históricos em primeira mão. De toda forma, a passagem que nos deixa sobre a última grande batalha na Guerra do Paraguai é tão hedionda quanto memorável:

Foi uma derrota completa. O campo ficou cheio de mortos e feridos do inimigo, entre os quais causavam-nos grande pena, pelo avultado número, os soldadinhos, cobertos de sangue, com as per-

ninhas quebradas, não tendo alguns ainda atingido a puberdade... As noites de agosto na cordilheira são frias. Viam-se muitas fogueiras no imenso bivaque. Em torno de algumas, meio apagadas, tiritavam de frio soldadinhos paraguaios da última leva. O frio podia ser também da febre dos ferimentos que receberam. Como eram valentes para o fogo os pobres meninos!

Que luta terrível aquela entre a piedade cristã e o dever militar! Os nossos soldados diziam que não dava gosto brigar com tanta criança.

NOTAS

1 | "Eu sou valente".
2 | "Traidores da Pátria".

7.
"VAI LANCEADO NA BARRIGA": O HOMEM QUE MATOU SOLANO LÓPEZ

Dizem que José Francisco Lacerda tinha 15 anos quando matou um homem pela primeira vez.

Pouco se sabe sobre aquele rapaz alto e soturno, cujo olhar, mesmo em fotografias, carrega uma velada ameaça e que entraria na História com o apelido ganho ainda na infância: Chico Diabo. Sua existência, antes do episódio que o transformou em herói ou vilão, é em grande parte um mistério. Há poucos documentos conhecidos a seu respeito. Contudo, sua lenda estranha e violenta sobrevive em certos recantos da campanha gaúcha, onde passou a maior parte da vida. Muitas das informações neste capítulo foram recolhidas oralmente, pelos autores deste livro e outros pesquisadores do folclore local, na zona rural de Bagé, no Rio Grande do Sul, onde os descendentes de Chico Diabo ainda vivem e onde seus ossos estão hoje enterrados.

Francisco Lacerda nasceu em 1848, no seio de uma família pobre, no que hoje é o município de Camaquã — então, apenas um povoado do Rio Grande do Sul. Era uma região ligada à criação de gado, com fazendas e charqueadas — estabelecimentos onde se salgava a carne, como os *saladeros* na Argentina. Segundo uma história contada por seus tataranetos, Chico trabalhava aos 15 anos na carniceria de um "gringo" — um imigrante, ou filho de imigrantes, com ascendência italiana — no povoado vizinho, São Lourenço do Sul. Ali se fabricavam produtos como charque, linguiça e salame. Um dia, em 1863, ainda segundo o relato familiar, o patrão foi fazer uma sesta e deixou o rapaz cuidando do estabelecimento. Por descuido de Chico, um cachorro entrou no local e devorou uns pedaços de carne. Ao descobrir o ocorrido, o "gringo" teria soltado alguns impropérios, ao que o menino respondeu que se demitia. O patrão lhe disse que não o deixaria sair antes de lhe dar uma surra, depois trancou a porta da carniceria e correu atrás do garoto. Lá pelas tantas, o menino apanhou na mesa uma faca carneadeira, usada para cortar carne de animais, e golpeou o atacante no abdômen. Em seguida, fugiu. Após caminhar por uma tarde e uma noite, chegou à casa dos pais, em Camaquã. De manhã cedo, ao vê-lo se aproximar, sua mãe teria dito: "Garanto que é aquele diabinho que vem vindo", e, assim, teria cunhado o apelido que o acompanhou pelo resto da vida.

Os pais, receando que o filho sofresse represálias, o teriam enviado então à fazenda de um tio, Vicente Lacerda, em Bagé. E por ali, em 1865, teria passado um destacamento dos Voluntários da Pátria, comandado pelo coronel João Nunes da Silva Tavares, que ia se juntar às forças brasileiras no sítio de Uruguaiana. João Nunes, mais conhecido como Joca, tinha então 49 anos, era famoso na região e cultivava vastas barbas grisalhas, que o tornavam facilmente reconhecível. Sentara praça aos 15 anos, durante a Revolução Farroupilha, quando combatera ao lado do Império. José Francisco uniu-se ao destacamento. Durante o conflito, foi promovido a cabo de esquadra e tornou-se ordenança do coronel Joca.

Os detalhes dessa história, transmitida de geração em geração, às vezes variam, conforme quem as conte, e não se sabe direito o que o cabo Lacerda andou fazendo durante a maior parte da Guerra do Paraguai. O certo é que, em 1º de março de 1870, ele integrava a tropa brasileira que marchou sobre o último reduto de Solano López.

A CAÇADA CONTINUA

Após as batalhas de Peribebuí e de Campo Grande, o *Mariscal* continuou fugindo, com sua reduzida comitiva, pelos devastados sertões do Paraguai. Às margens do arroio Hondo, os fugitivos reuniram-se ao que restava das forças paraguaias, depois marcharam para a vila de Caraguataí, que se tornou temporariamente a nova capital da República. Sempre perseguido pela tropa brasileira, López acabou se refugiando, em 8 de fevereiro de 1870, à margem esquerda do rio Aquidabán, numa região chamada Cerro Corá, próxima à atual fronteira entre o Paraguai e o Brasil. Junto ao *Mariscal*, permaneciam o vice-presidente Domingo Sánchez, os generais Bernardino Caballero, Isidoro Resquín, Francisco Roa e José María Delgado, além de Elisa Lynch, os sete filhos do casal e poucas centenas de homens maltrapilhos, meio mortos de fome, com suas mulheres e crianças. O coronel Juan Crisóstomo Centurión também acompanhava o *Mariscal* nessa última escapada.

Àquelas alturas dos acontecimentos, segundo Arturo Bray, López achava-se "em permanente desequilíbrio, saindo da órbita de qualquer serenidade". Segundo alguns autores, o *Supremo* parecia ter desenvolvido alguma espécie de loucura, talvez causada pelo alcoolismo, pois bebia sem parar ao longo dos dias. Engordou tanto que precisava de ajuda para montar a cavalo e passava horas a fio rezando em igrejas e capelas, o que não o impedia de massacrar inimigos reais e imaginários com brutalidade. Após a guerra, a culpa dessas atrocidades respingou em Elisa Lynch, mas talvez houvesse pouco que ela pudesse fazer sem arriscar a própria vida ou a dos filhos. Há inclusive registros de que, em uma ocasião, durante as marchas finais, López e Elisa tiveram uma briga terrível. Os ajudantes do *Mariscal* escutaram gritos extremamente violentos e viram indícios de uma altercação física. No dia seguinte, López apareceu com o pescoço arranhado, e Elisa entrou na carruagem usando um véu negro.

No caminho para Cerro Corá, renasceram em López as suspeitas de uma conspiração para derrubá-lo. Seu irmão Venancio, que fora poupado ao fuzilamento, mas permanecera prisioneiro, foi torturado até confessar um suposto complô envolvendo o restante da família: suas irmãs Inocencia e Rafaela e também sua mãe, Juana Carrillo. Segundo as confissões, os parentes teriam planejado matar Solano com um doce envenenado. De acordo com o paraguaio Cecilio Báez, em *El Mariscal Francisco Solano López*, Rafaela foi ameaçada com tortura para denunciar a própria mãe — teria então pegado uma brasa da fogueira e queimado a própria língua para que não pudesse falar. Juana Carrillo foi também presa e espancada com pranchadas de sabre. Em janeiro de 1870, houve novas execuções de supostos traidores — entre os quais Francisca Garmendia, que fora cortejada por Solano López na década de 1850 e o rejeitara. Durante a longa marcha por aquele cenário de fim de mundo, Venancio López era açoitado diariamente, avançando nu, o corpo cheio de ferimentos, com uma corda amarrada à cintura. Emaciado, pálido, ensanguentado, o irmão de Solano López deu seu último suspiro na picada de Chiriguelo, perto de Cerro Corá. No caminho, outros condenados foram mortos por lanças para economizar balas e pólvora. Como os soldados estavam fracos de fome, não conseguiam matar as vítimas ao primeiro golpe, e era preciso estocá-las várias vezes enquanto se debatiam no chão.

Cerro Corá é um descampado cercado por um grande círculo de gigantescas rochas, banhado ao norte, ao oeste e ao sul pelo rio Aquidabán e seu afluente, o Aquidabán-nigui. Chegava-se ali por dois caminhos: uma estrada que cruzava os passos dos rios Tacuara e Aquidabán, a noroeste, e a picada de Chiriguelo, ao sudeste, onde morreu Venancio. Um exército em boas condições poderia defender facilmente aquela posição, e López, de fato, posicionou guarnições em Tacuara, Aquidabán e Chiriguelo. Mas suas forças eram escassas e insuficientes. Para López e seu séquito, as muralhas naturais de Cerro Corá se transformaram numa armadilha.

Com cerca de quinhentos soldados, muitos deles doentes, o *Mariscal* ergueu ali um novo quartel, formado agora por cabanas esquálidas. Ao norte, o acampamento era delimitado pelo Aquidabán; ao sul, pelo Aquidabán-nigui; a oeste, por uma série de matagais; e a leste, pela planície que conduzia à picada de Chiriguelo. A comida escasseava. Matava-se uma rês magra por dia para alimentar toda a comitiva. Por falta de carne, repartia-se também o couro, segundo um método descrito por Centurión:

> *O couro, quando bem fervido — e para isso é necessário mantê-lo numa panela sobre o fogo por várias horas —, se abranda e se converte em uma espécie de presunto bom o bastante para se comer. Mas o pobre soldado, apressado pela urgente necessidade de se alimentar, não podia esperar ou perder tempo preparando o couro dessa maneira e, por pronta providência, o lançava sobre as brasas! Ali o fogo o torrava até reduzi-lo a uma pasta queimada e tão dura que nenhum estômago podia digeri-lo. Acrescente-se a isso o pão de que o soldado se servia, consistente em raízes e frutas silvestres que era preciso buscar nos bosques a grandes distâncias, e tem-se uma alimentação que, em vez de melhorar a saúde das tropas, contribuía maravilhosamente para seu fatal aniquilamento, pelas várias enfermidades que causava.*

A fome também grassava entre as forças brasileiras que perseguiam Solano López. O fornecimento de alimentos fora temporariamente interrompido, pois o nível dos rios Paraná e Paraguai baixara, e os navios carregados de comida, vindos de Buenos Aires e do Brasil, ficavam encalhados no leito. Soldados roubavam comida uns dos outros; à noite, argentinos iam à parte brasileira do acampamento, matavam seus cavalos e cortavam a cabeça, que comiam avidamente. Em *Recordações*, o visconde de Taunay relata uma cena que ilustra a atmosfera de loucura que imperava no acampamento aliado. Havia na tropa brasileira um tenente da Guarda Nacional do Rio Grande do Sul, conhecido apenas como Tito de Tal, que possuía um "soberbo cavalo" e cuidava dele "com estremecimento de verdadeiro amigo". Apavorado com a matança de cavalos pelos argentinos, passava horas acordado à noite, vigiando a montaria. Certa madrugada, já quase raiando o sol, pegou no sono por alguns minutos. Despertou-o uma gritaria junto à barraca. Lá estava o pobre cavalo, cercado de gente, e sem cabeça. Os responsáveis, dois argentinos esfaimados, foram descobertos e fuzilados por seu comandante. Mesmo assim, o tenente Tito, inconsolável, matou-se com um tiro de revólver na cabeça.

Os fornecimentos voltaram a chegar em novembro de 1869, mas os soldados, avançando pelo labirinto dos matagais, eram assolados por outros flagelos. Enxames de moscas e mutucas atacavam homens e cavalos para sugar sangue. Havia ainda outras visões de horror, dignas dos mais estranhos pesadelos. Escreve Taunay:

> *Outra praga sobremaneira os perseguia e essa bem singular nos efeitos desastrosos. Provinha de umas lindíssimas borboletas, as chamadas 88, por parecerem ter esse número escrito na parte externa das asas rajadas de caprichosos desenhos preto-branco. Não se imagina, porém, o mundo daqueles gentis lepidópteros, na aparência bem inocentes, mas de fato em extremo perniciosos, em toda aquela parte do Paraguai. Amontoavam-se nos cantos dos olhos e nas ventas dos animais, buscando qualquer umidade corpórea e em breve provocavam tal irritação nos pontos em que pousavam teimosas, que não tardavam a produzir abundante corrimento, a princípio de aguadilha e logo após copiosíssimo pus! [...] Uma vez no chão, cercadas de milhares de assaltantes, cada órbita tornava-se medonha e nojenta fonte de purulentos rios, que atraíam ainda mais porção das tão terríveis borboletas. Teríamos, com certeza, perdido todos os nossos animais de montaria e carga, se não se houvesse tomado adequada providência, munindo-os de uma testeira de palha de milho cortada em fios, finos, que lhes servia de anteparo aos olhos, sem impedir a vista.*

Assim, em meio a suicídios, cavalos decapitados, nuvens de mutucas e borboletas assassinas, a tropa brasileira fechou o derradeiro cerco ao marechal-presidente Francisco Solano López, que tombaria encurralado em sua última trincheira, como prometera a Bartolomé Mitre anos antes.

No dia 25 de fevereiro, López reuniu seus oficiais superiores em frente ao quartel-general em Cerro Corá. Os oficiais estavam sentados na grama, num semicírculo, enquanto o *Mariscal* ocupava uma cadeira no centro. Na época, circulavam pelo acampamento rumores de que López pretendia fugir para a Bolívia. O *Mariscal* refutou-os, dizendo que havia jurado defender a pátria até a morte e que pretendia fazê-lo. Em seguida, falou sobre o inimigo, afirmando que o Império tinha pretensões tradicionais de dominar os povos da América do Sul e chegou a fazer algumas piadas com os brasileiros, conseguindo arrancar risos da audiência. Então distribuiu fitas de tecido amarelo e vermelho, a modo de condecorações, pois faltava metal para forjar as medalhas. A cerimônia despertou o ânimo dos extenuados oficiais, que juraram permanecer junto ao *Mariscal* e lutar até a morte.

No dia 1º de março, por volta das 6 ou 7 da manhã, um grupo de mulheres veio correndo ao acampamento, anunciando que o Exército inimigo se aproximava. Os brasileiros haviam atacado a guarnição posta por López nas margens do arroio Tacuara, uma das entradas para Cerro Corá, e agora avançavam rumo à próxima posição paraguaia, no rio Aquidabán. López enviou um grupo de *bomberos*, ou batedores, para espionar a movimentação do inimigo — mas já era tarde. Uma ou duas horas depois, ouviram-se tiros de canhão e fuzis vindos do Aquidabán, onde a segunda guarnição paraguaia estava sob ataque.

Nisso, López convocou o coronel Juan Crisóstomo Centurión e ordenou que fosse averiguar o que acontecia no passo do Aquidabán. Acompanhado por um ajudante de ordens, Centurión cavalgou até o rio. Pouco depois, os dois oficiais voltaram a galope. Centurión, na dianteira, alcançou o *Mariscal*, que estava parado em frente ao quartel-general. Sem descer do cavalo, o coronel anunciou em voz alta: "O inimigo atravessou o passo!". O *Mariscal* deu alguns passos à frente e gritou: "Às armas, todos!".

Cinco minutos depois, surgia pelo descampado um pelotão do 19º Corpo Provisório de Cavalaria, comandado pelo coronel Joca Tavares.

Naquele pelotão, vinha Chico Diabo.

O ÚLTIMO CONFRONTO

Montado a cavalo, à frente de um batalhão de cem carabineiros, o coronel Centurión comandou a defesa.

Precipitou-se em direção ao inimigo, a galope, tentando estimular a tropa — sua ideia era fazer com que os carabineiros se aproximassem o bastante para lutar corpo a corpo, pois a maioria dos soldados estava sem pólvora, armados apenas de lanças e sabres. Ao ver seu avanço, a cavalaria brasileira recuou um pouco, fez alto e começou a disparar. Nesse momento, o *Mariscal* aproximou-se, na retaguarda, montado em seu cavalo baio e acompanhado pelo filho, o coronel Panchito, que então tinha 15 anos.

Centurión percorria o batalhão, tentando lhe infundir ânimo, quando um balaço acertou a coxa de seu cavalo. Mesmo assim, o animal continuou trotando. Um oficial advertiu Centurión:

"Coronel, seu cavalo está ferido..."

"Obrigado", disse Centurión, "mas parece que ele não sente o ferimento."

Nem bem acabara de pronunciar essas palavras quando uma bala lhe atravessou o rosto, arrancando vários dentes e rasgando-lhe a língua. Outro disparo acertou a ilharga do cavalo, que tombou, levando o coronel consigo.

Centurión conseguiu levantar-se e ouviu um rápido diálogo entre o *Mariscal* e Panchito:

"Quem é que está saindo de baixo do cavalo?"

"O coronel Centurión, papai, gravemente ferido."

Em seguida, López deu meia-volta, galopando em direção ao quartel-general. Ao verem Centurión no chão, os soldados paraguaios começaram a debandar. O coronel retirou-se do combate, a pé, dirigindo-se às matas que cercavam o descampado. No caminho, avistou Solano López perseguido por um grupo de cavalarianos, junto aos matagais que orlavam a margem do Aquidabán-nigui. Não chegou a testemunhar o que ocorreu em seguida. Ensanguentado, com a língua pendurada à boca por uma membrana, enfiou-se numa picada, atrás de um milharal, e sentou-se à sombra de uma árvore.

Sentia uma sede desesperadora e a aplacou bebendo a própria urina.

O pelotão de cavalaria, contra o qual Centurión se batera, era a vanguarda de um exército composto de 2 mil homens, sob o comando do general José Antônio Correia da Câmara — e que incluía, também, o então major Floriano Peixoto, futuro presidente da República. Quatro dias antes, Câmara recebera um grupo de desertores paraguaios, que lhe deram informações sobre a posição do *Mariscal*. O general brasileiro planejou atacar o inimigo de surpresa, "fazendo-o medir a altura de sua queda, antes de ter podido pensar na iminência de sua ruína".[1] Enviou, à frente, quatro corpos de clavineiros e um batalhão de infantaria, sob o comando de Floriano Peixoto, para emboscar a guarnição paraguaia no rio Tacuara. Guiados por um desertor, os brasileiros conseguiram pegar a guarnição pela retaguarda, a golpes de baioneta, evitando seus canhões.

Apesar de todos os revezes, era ainda possível que Solano López escapasse, internando-se nas matas profundas que cresciam às margens dos rios. Na véspera da batalha, quando o grosso do exército se aprontava para marchar, o coronel Joca Tavares disse a seus comandados, na presença do general Câmara: "Dou cem libras a quem matar Solano López em combate".

A quantia equivaleria, hoje, a 100 ou 120 mil reais. Era uma fortuna para a maioria da tropa, formada em geral por homens pobres. Além disso, a província do Maranhão também oferecera uma recompensa vultosa pela cabeça do *Supremo*. A perspectiva de receber aqueles magníficos prêmios deve ter levado soldados e suboficiais a um paroxismo. Às 3 da madrugada, o grosso do exército levantou acampamento e marchou velozmente rumo a Cerro Corá.

As primeiras escaramuças ocorreram bem cedo, mas a vanguarda imperial galopou contra o quartel-general inimigo sob um sol alto e abrasador. O coronel Joca Tavares mandou seu estado-maior galopar rumo à estrada do Chiriguelo para cortar a fuga do *Mariscal*. Os soldados brasileiros conheciam bem a fisionomia de López, graças aos muitos retratos dele que tinham visto em Assunção, e não tiveram dificuldade em identificá-lo. Quando Centurión o viu passar, o *Supremo* cavalgava em direção à picada de Chiriguelo, ou sozinho, ou acompanhado por alguns oficiais. Deixara Elisa Lynch e os filhos para trás. No encalço de López, vinham os comandados de Joca Tavares: cinco ou seis lanceiros a cavalo, entre os quais o major Joaquim Nunes Garcia, o capitão Antonio Candido de Azambuja e o cabo Francisco Lacerda — todos expostos à fuzilaria dos próprios carabineiros imperiais, que também reconheceram López e agora disparavam contra ele.

Segundo relatos que Centurión coletou mais tarde, os brasileiros conseguiram ultrapassar o cavalo baio do *Mariscal* e cortaram sua fuga em uma enseada do Aquidabán-nigui. Intimaram-no a render-se, e López respondeu: "Morro por minha pátria!", uma frase que, de acordo com diversas versões dos fatos, repetiria com algumas variações naquele mesmo dia.

Em seguida, o cabo e outro oficial instigaram os cavalos e investiram, tentando dominar o chefe paraguaio. Os dois Franciscos enfrentaram-se. López, que tinha a espada desembainhada, desferiu uma estocada contra Chico Diabo, que desviou a lâmina do adversário e, no mesmo movimento, desferiu um lançaço, atravessando-o no baixo-ventre, pela esquerda. Foi um golpe fortíssimo, oblíquo, de baixo para cima: em um relato feito mais tarde, Chico Diabo teria dito que "tinha levantado López um pouco com a lança". O outro oficial brasileiro alvejou o *Mariscal* com uma espada ou um machado — as versões variam —, mas esse segundo golpe foi amortecido pelo chapéu-panamá que López usava e que voou para o chão.

Segundo o relato do coronel paraguaio Silvestre Aveiro, os cavalarianos imperiais, após ferirem o *Mariscal*, não voltaram a atacá-lo e se mantiveram a cerca de 10 metros de distância, em formação, mas já sem tentar agredi-lo, sempre na borda do mato. Talvez esperassem ordens de algum oficial superior sobre como prender López. De toda forma, haviam recebido ordens de matá-lo em combate, e um golpe de lança na barriga costuma ser um argumento irresponsível. Também é possível que houvesse ordens anteriores determinando que a prisão do ditador paraguaio fosse realizada pessoalmente pelo general Câmara, comandante das forças brasileiras.

Nesse ponto, segundo Centurión, teriam chegado a galope dois fiéis seguidores do *Mariscal*, o capitão Francisco Argüello e o alferes Chamorro (de acordo com outros relatos, já havia oficiais com López no início da escaramuça). Acuado e enfurecido, López teria gritado várias vezes: "Matem esses macacos do diabo!".

Os paraguaios e os brasileiros lançaram-se uns sobre os outros, num "entrevero espantoso", a golpes de sabre e, provavelmente, lanças. Enquanto isso, o coronel Silvestre Aveiro aproximou-se de López, tocou-o na perna e sugeriu, em guarani, que tentassem escapar pelo mato. Findo o combate, os brasileiros formavam agora um semicírculo ao redor de López, que puxou as rédeas do cavalo baio e o fez entrar no matagal.

Enquanto seu estado-maior acuava López, o coronel Joca Tavares, acompanhado por trinta homens, envolvia-se numa escaramuça contra uma força do general paraguaio José María Delgado, que, derrotado, foi feito prisioneiro. Então galopou em direção ao acampamento de López e lá chegou a tempo de vê-lo entrando no mato. Segundo o relato de Joca Tavares, Chico Diabo teria então lhe dito, referindo-se a López: "*Vai lanceado na barriga*".

Naquele momento, o lanceado *Mariscal* seguia com Aveiro por uma picada que os soldados tinham aberto anteriormente para colher frutas. Chegando à margem do arroio Aquidabán-nigui, López, já enfraquecido pela perda de sangue, caiu do cavalo, com a cabeça perto da água. Aveiro e outros dois oficiais paraguaios o ampararam e tentaram conduzi-lo para a margem oposta. Chegaram a atravessar o arroio, mas não conseguiram escalar a barranca, que era alta e íngreme. Por causa do peso de López, não puderam carregá-lo. O *Supremo* ordenou que fossem procurar uma parte mais baixa, que pudesse escalar. Os oficiais partiram, e ele ficou esperando, encostado ao tronco de uma palmeira, num ângulo do rio.

Enquanto isso, à beira do matagal, o general Câmara apareceu e perguntou onde estava López. "Entrou aqui", responderam alguns dos oficiais.

"*Lanceado na barriga*", teria repetido Chico Diabo, diante do general.

Câmara apeou do cavalo e entrou no matagal, em busca do inimigo ferido. O que aconteceu em seguida foi presenciado apenas por um punhado de soldados imperiais. As versões se contradizem, e os últimos momentos de Solano López estão até hoje envolvidos em obscuridade.

O QUE ACONTECEU NO AQUIDABÁN?

O general Câmara apresentou três relatos diferentes sobre a morte do marechal-presidente. O primeiro deles, enviado ainda em Cerro Corá, logo após o combate, dizia: "O tirano foi derrotado e, não querendo entregar-se, foi morto à minha vista. Intimei-lhe ordem de render-se quando já estava completamente derrotado e gravemente ferido, e, não o querendo, foi morto".

O segundo relatório, escrito em 13 de março, trazia uma versão diferente:

> *Intimei-lhe que se rendesse e entregasse a espada, que eu lhe garantia os restos de vida, eu, o general que comandava aquelas forças. Respondeu atirando-me um golpe de espada. Ordenei então a um soldado que o desarmasse, ato que foi executado no tempo em que ele exalava o último suspiro; livrando-se a terra de um monstro, o Paraguai de seu tirano, e o Brasil do flagelo da guerra.*

O terceiro relatório tem data de 30 de abril de 1870 e foi endereçado ao ministro da Guerra, Manuel José Vieira Tosta, barão de Muritiba. Essa foi a versão mais divulgada pelo governo imperial. Ao escrever seu último relatório, Câmara se tornara o comandante em chefe das forças brasileiras no Paraguai, pois o conde d'Eu finalmente realizara o desejo de retornar ao Rio de Janeiro. Segundo o texto, Câmara encontrou López na barranca do Aquidabán, "já ferido pela perseguição que sofrera". O general brasileiro teria lhe oferecido a rendição duas ou três vezes, gritando: "Marechal, entregue sua espada. Eu, general que comando estas forças, lhe garanto o resto da vida".

O *Mariscal* teria respondido com golpes de espada no ar, repetindo a frase que se tornaria famosa, com algumas variações: "Não me rendo, nem entrego minha espada, morro com ela e por minha pátria". Em outras versões da história, a frase seria "morro *com* minha pátria".

Câmara teria, então, ordenado que um soldado desarmasse o presidente paraguaio e o levasse para o acampamento. Ao resistir, López teria caído na água, debatendo-se para não se afogar e deixando cair a espada. Conseguiu ainda erguer a cabeça uma vez e "exalou seu último alento". Nesse relatório, Câmara diz que López foi ferido apenas por tiros durante o combate, antes de entrar no mato: "Eu mesmo acreditei a princípio que López recebera um golpe mortal de lança durante a perseguição e hoje estou convencido de que não houve tal ocorrência e que ele sucumbiu aos ferimentos de arma de tiro".

Um dos objetivos desse relatório era negar que López tivesse sido executado sob os olhos, e talvez sob as ordens, do general brasileiro. A intenção fica clara neste trecho: "tem chegado ao meu conhecimento que várias versões contraditórias circulam a respeito do fim trágico do mesmo ditador e em algumas dessas se nos imputa uma crueldade incompatível com a nossa índole, civilização e inúmeros precedentes". A notícia de que López fora morto após o combate causara desconforto no Império e fora muito mal recebida na Europa, nos Estados Unidos e no Prata.

Em escritos posteriores, Câmara forneceu ainda outras versões dos acontecimentos. Em uma carta enviada à esposa, em 1870, divulgada por seu neto e biógrafo, o general teria dito que, ao encontrar López, "ia ordenar que o agarrassem para a terra, quando um soldado dispara, por trás de mim, um tiro que o mata". Também teria opinado que o *Mariscal* "morreu como um valente" e, "apesar de ser López um homem cruel, senti ter presenciado a sua morte". Câmara teria dado essa mesma versão em uma carta confidencial enviada ao barão de Muritiba.

Seja como for, ao longo dos anos, Câmara continuou negando o lançaço de Chico Diabo. Em um artigo escrito para a *Gazeta de Porto Alegre*, em 1880, o general disse que López tinha um ferimento a bala no baixo-ventre, "que havia recebido naturalmente enquanto transpunha o rio, junto ao qual havia caído". Nessa versão, López teria entrado ileso no matagal. Isso acabou por indispor o general Câmara com seu antigo subordinado, o coronel Joca Tavares. Naquele mesmo ano, Tavares publicou um artigo no jornal *Eco do Sul* negando a versão oficial do Exército brasileiro.

Tavares afirmou que, após a batalha de Cerro Corá, pedira que os cirurgiões Costa Lobo e Barbosa Lisboa examinassem o cadáver do presidente paraguaio. Segundo o laudo, assinado pelos dois médicos, Solano López trazia na região frontal, no baixo-ventre, um ferimento de uma polegada e meia,[2] produzido "por instrumento perfurocortante", que lhe atravessara os intestinos e a bexiga. Havia ainda um ferimento provavelmente causado por um sabre e outro, por um tiro de fuzil, "na região dorsal" (ou seja, nas costas). A bala ficara alojada na caixa torácica. Os médicos teriam dito que o ferimento de lança, recebido em combate, e não durante a fuga, era mortal. Segundo essa versão, o tiro teria apressado a morte de López. Tavares não diz quem o disparou e afirma apenas:

> *Intimado López para render-se ao general comandante da força, respondeu já com dificuldade: — Morro por minha pátria com a espada na mão; — deixando-a cair para o lado do general brasileiro.*

> *Nessa ocasião, tendo-se-lhe puxado pelo punho para ser desarmado, recebeu sobre a região dorsal um ferimento de bala.*

O artigo publicado por Tavares deixava sugerido que López levara um tiro pelas costas, quando já estava ferido de morte, o que colocou o general Câmara em uma situação complicada perante a posteridade. Teria ordenado a execução ou o tiro final ocorrera por acidente?

A notícia sobre o lançaço e a frase final de López espalhou-se rapidamente pela tropa brasileira. Para a maioria dos soldados brasileiros em Cerro Corá naquele dia, o homem que matou Solano López foi o cabo José Francisco Lacerda. E, aproveitando-se da coincidência entre os nomes dos inimigos, a soldadesca cunhou estes versos, que foram mais tarde registrados por Joaquim Pimentel: "O cabo Chico do Diabo/Do Diabo Chico deu cabo".

Enquanto o confuso drama se desenrolava no matagal, o último quartel de Solano López era saqueado e incendiado. Conta o visconde de Taunay:

> *O tirano ainda não tinha morrido, e as suas carretas eram teatro de verdadeiro furor. Mulheres, oficiais paraguaios de envolta com os soldados nossos, saqueavam freneticamente os depósitos de comida e roupa; tripudiavam como loucos, espalhavam montões de ouro, queimavam papéis, disputavam joias e, afinal, atearam um incêndio que reduziu tudo a cinzas.*

Nesse incêndio, que segundo Centurión foi ateado apenas por soldados brasileiros, morreram muitos feridos e doentes, escondidos entre os pastos. Muitas pessoas foram mortas quando o combate já havia acabado — entre as quais o ex-vice-presidente Francisco Sánchez, na época um ancião, derrubado por um golpe de lança enquanto brandia fracamente sua espada. Houve degolas, mesmo após o fim da luta. De acordo com o general Câmara, as forças brasileiras fizeram cerca de duzentos prisioneiros e libertaram Juana Carrillo e as irmãs de López, que estavam ainda presas por ordens do próprio.

Após a fuga do *Mariscal*, seu filho Panchito galopou ao encontro da carruagem onde estavam sua mãe e os irmãos menores, uns 300 metros ao norte do acampamento. Um piquete imperial o alcançou, e o tenente-coronel Francisco Antônio Martins o intimou dizendo "Entrega-te, menino!". Elisa Lynch, na carruagem, teria também suplicado ao filho: "*¡Ríndete, Panchito!*".

Em vez de se entregar, Panchito desferiu uma estocada com a lança, que foi desviada pelo sabre de Martins. Panchito, então, sacou o revólver e deu um tiro, mas errou; tentou acutilar novamente o atacante, mas acabou derrubado por um tiro na frente da mãe. Elisa carregou o corpo até a carruagem, depositou-o sobre as almofadas e tentou abrir os olhos do filho, chamando-o: "*¡Panchito! ¡Panchito!*". Os irmãos menores choravam, e um deles exclamou: "Não me matem, sou filho de inglesa!".

Várias fontes relatam que, após a morte de López, um grupo de soldados brasileiros atacou seu cadáver, arrancando-lhe uma orelha, um dedo, vários dentes e um pedaço do couro cabeludo. Isso teria acontecido na presença do general Câmara, o que parece reforçar (embora não confirme) a ideia de uma execução. O cadáver foi levado em uma tipoia improvisada, feita de ramos entrecruzados, até o quartel-general, e, após o exame relatado por Tavares, o enterraram ao lado de Panchito, em uma cova rasa, cavada por sapadores imperiais. Já aprisionada pela tropa imperial, Elisa Lynch pediu que a deixassem inumar o marido e o filho numa sepultura mais profunda. De acordo com algumas fontes, teria cavado o túmulo com as próprias mãos.

Taunay, que não gostava de Elisa, escreveu que nessa ocasião ela "trajava um vestido de luxo: seda preta com apanhados e babados brancos; penteada com muito cuidado, pareceria estar pronta a uma *soirée*, tanto mais quanto os seus dedos enfiavam custosos anéis de diamante". A descrição parece contrapor-se à imagem de uma mulher cavando uma sepultura. Como em todos os momentos desde sua chegada à América do Sul, a figura de Elisa Lynch despertava opiniões extremas e divergentes. A Rainha do Paraguai escapou fisicamente ilesa ao último estertor da guerra. Acompanhou Solano López até o fim, assistiu à morte do primogênito, mas viveu para ver a luz do dia seguinte.

CHICO DIABO DEPOIS DA GUERRA

Os momentos finais de Solano López causaram grande desagrado em dom Pedro II, que preferia tê-lo como prisioneiro, o que seria mais honrado para o país diante das outras potências internacionais. O assassinato passava a ideia de que os brasileiros eram bárbaros que só se satisfaziam com o sangue do inimigo, e dom Pedro II, conhecido por seu refinamento cultural e social, achava que não pegava bem para ele e seu Império acabar a guerra com a morte daquele que a causou.

De todo modo, se houve uma execução — como acreditavam Centurión e outros autores —, ela ocorreu sob os olhos do general Câmara, no matagal. O imperador, contudo, evitou conceder honras militares ao cabo Francisco Lacerda — que, segundo a versão que o coronel Tavares seguiria defendendo até o fim da vida, ferira o *Mariscal* durante uma luta corporal.

Mais tarde, Francisco Lacerda foi promovido a alferes e retornou ao Rio Grande do Sul. Em seu artigo de 1880, o coronel Tavares afirmou: "Com a convicção plena da causa da morte do ex-presidente López, ao chegar a Bagé, cumpri a promessa feita antes do combate de Aquidabán, dando em gado o que havia prometido em dinheiro". Chico Diabo recebeu do coronel cem vaquilhonas (ou seja, vacas jovens, que ainda não deram cria) e assim foi tocando a vida. Casou-se com a prima Isabel Vaz, com quem teve quatro filhos, e trabalhou como capataz nas estâncias do Pavão e do Piraí. Comprou também uns pedaços de campo na região de Olhos d'Água, na zona rural de Bagé — terras que hoje pertencem a seus descendentes. Morreu de causas naturais em 1895, quando conduzia uma tropa de gado no Uruguai, e lá foi enterrado. Sua viúva pagou uma alta quantia a um *gaucho* uruguaio para que buscasse o corpo e o trouxesse a Bagé. Em 2002, uma placa foi colocada em seu túmulo na região de Olhos d'Água, na presença de suas netas Silvina e Josefa Lacerda — essa última, hoje falecida, foi a fonte de muitas das histórias reproduzidas neste capítulo.

Segundo o relato transmitido pelas gerações da família, Francisco Lacerda não gostava de falar sobre seus tempos no Paraguai. Fazia-o apenas quando estava a sós com a esposa. Era — dizem — um homem calado, taciturno. A maior parte do que soube e viu levou para seus dois túmulos, no Uruguai e no Brasil. E é estranhamente apropriado que uma das poucas frases atribuídas ao célebre e misterioso lanceiro seja aquele lacônico e terrível anúncio de morte, de encerramento, de consumação final: "*Vai lanceado na barriga*".

NOTAS

1 | Pimentel, 1938.
2 | O equivalente a 3,81 centímetros.

EPÍLOGO

"Sou inglesa!", gritou Elisa Alicia Lynch, desfraldando a bandeira do Reino Unido quando sua carruagem foi cercada por soldados brasileiros em Cerro Corá. Mais tarde, a ex-Rainha do Paraguai declararia ser irlandesa, como de fato era — mas, naquele momento, o prestígio e o temor inspirados pelo governo britânico eram a melhor garantia de vida para si mesma e seus filhos. Sob a proteção do general Câmara, embarcou num navio-prisão brasileiro e foi levada a Assunção, onde reencontrou Silva Paranhos, o visconde de Rio Branco, que, como relatamos, conhecera em uma recepção. Ao ocupar o palácio de Patiño-Cué em 1869, o Exército brasileiro encontrara uma litografia representando o visconde na parede do quarto de Elisa — o que sugeria que ela própria guardara uma boa recordação daquele encontro. Paranhos recebeu Madame Lynch com grande cordialidade, conversou com ela por duas horas e, mais tarde, teve de negar, diante do Senado brasileiro, que houvesse algum envolvimento romântico entre os dois. O novo governo paraguaio, no entanto, foi bem menos gentil. Um grupo de mulheres de antigos exilados exigiu, no jornal *La Regeneración*, que medidas severas fossem tomadas contra a companheira do ex-presidente. O governo paraguaio embargou suas propriedades e a declarou criminosa de guerra. Elisa refugiou-se num navio brasileiro e pouco depois partiu para a Europa. Por anos, lutou nos tribunais para reaver seus bens — tanto os que ficaram no Paraguai quanto os que conseguira enviar para o exterior durante a guerra. Conseguiu resgatar parte das remessas que fizera à Europa e aos Estados Unidos, mas jamais recuperou a fortuna sul-americana.

Elisa Lynch retornou ao Paraguai em 1875, a convite do novo presidente, Juan Bautista Gill, com quem cultivara uma amizade nos anos dourados. Suas inimigas, contudo, voltaram ao ataque e assinaram uma petição exigindo que fosse expulsa. Elisa partiu de novo, dessa vez para nunca mais voltar — não enquanto estivesse viva. Em Buenos Aires, assinou a Declaração-Protesto, em que se defende das muitas acusações que lhe foram feitas. "Que maior defesa posso oferecer além de minha vida inteira, quando os que me atacam o fazem a distância e se escondem quando os encaro?", escreveu. Elisa passou o período final de sua vida num apartamento modesto, mas confortável, no número 54 do Boulevard Pereire, no 17º *arrondissement* de Paris. Lá morreu em 25 de julho de 1886, aos 52 anos, acompanhada apenas por sua empregada francesa, Marie. Foi enterrada no Père Lachaise, mas em 1961 seus restos foram transladados ao Paraguai, pelo ditador Alfredo Stroessner, admirador de Solano López.

Após a Guerra do Paraguai, o padre João Pedro Gay viveu ainda por dez anos em São Borja. Em 1874, foi empossado vigário de Uruguaiana. Na década de 1880, uniu-se à campanha abolicionista do Rio Grande do Sul e participou do Clube 20 de Abril, que militava pela libertação dos cativos. A cidade aboliu a escravidão em 1884, quatro anos antes da Lei Áurea. Em 10 de maio de 1891, o padre foi atropelado por uma carruagem em disparada e morreu cinco dias depois. Está enterrado em Porto Alegre.

De volta ao Brasil em 1868, Benjamin Constant Botelho de Magalhães dedicou-se novamente ao magistério. Após a morte do sogro, tornou-se diretor do Imperial Instituto dos Meninos Cegos. Continuou ligado ao Exército e, durante a década de 1880, associou-se a um crescente grupo de oficiais brasileiros que exigiam punições menos severas e reivindicavam o direito a expressar opiniões na imprensa. O conflito com os militares e o crescimento do republicanismo, entre outros fatores, fizeram o Império entrar numa crise sem volta. Após a abolição da escravatura, em 1888, a monarquia perdeu o sustento político que ainda lhe restava. Em 23 de outubro de 1889, Benjamin Constant fez um discurso a favor da República na Escola Militar do Rio de Janeiro; em 15 de novembro, a monarquia caiu. Convidado a ocupar a presidência, Benjamin Constant preferiu assumir a pasta da Guerra, dedicando-se a reformar o código militar brasileiro. Depois, tornou-se ministro da Instrução Pública, Correios e Telégrafos. De forma trágica ou irônica, Benjamin Constant sobreviveu apenas por alguns anos após o regime que combatera: morreu em 1891 no Rio de Janeiro.

Com o fim de seu período na presidência, Bartolomé Mitre tornou-se senador e comprou o jornal *La Nación Argentina*, que foi renomeado como *La Nación* e ainda existe. Don Bartolo, contudo, não sossegou. Envolveu-se ainda em duas revoluções em seu país e chegou a passar um tempo na cadeia, por ter se insurgido contra o governo de Nicolás Avellaneda. Jamais abandonou a atividade intelectual. Produziu escritos históricos importantes, como *Historia de Belgrano y de la Independencia Argentina* e *Historia de San Martín y de la Emancipación Sudamericana*. Sua tradução completa de *A divina comédia* só foi publicada em 1897: o trabalho, de fato, acompanhou-o pela maior parte da vida adulta. Durante a procissão fúnebre de Mitre, em 1906, o célebre chapéu chambergo foi depositado sobre seu caixão.

Ao receber a notícia de que o marechal-presidente Francisco Solano López estava morto, Dionísio Cerqueira se encontrava no acampamento brasileiro em Rosário. Entre os brasileiros, ergueram-se vivas e hinos de alegria. Ao mesmo tempo, Dionísio via as lágrimas rolarem pelas faces ásperas dos prisioneiros paraguaios.

Em Rosário, a versão dominante era que López fora morto com um tiro — Dionísio, em suas memórias, nem sequer menciona o nome de José Francisco Lacerda. No acampamento brasileiro, também se comentava a última frase atribuída ao *Mariscal*. A variante registrada por Dionísio é: "*No me rindo, muero con mi patria*". Décadas depois, Cerqueira escreveu: "Nobres palavras que, se não remiram, ao menos atenuaram terríveis faltas e grandes crimes. López, o déspota cruel, era um convencido, que soube defender-se até a última". Em seus últimos tempos no Paraguai, embora ainda acreditasse que a luta contra Solano López fora justa, Cerqueira ia abalado pela devastação que testemunhara. "Perdemos 100 mil dos nossos melhores irmãos, heróis ignorados; e quase consumamos o extermínio de um povo valoroso, que soube defender heroicamente o solo de sua pátria", escreveu.

Em maio de 1870, o tenente Cerqueira embarcou em um vapor em direção ao Rio de Janeiro. No porto, antes de partir, abraçou pela última vez o pescoço do cavalo tordilho que o acompanhara em tantos combates. Cerqueira agora era tenente de infantaria e não podia levar consigo o velho amigo.

Ao viajar para o Paraguai, em 1865, Dionísio era apenas um praça e dormia sobre o convés, tendo por travesseiro a mochila com o uniforme. Na volta ao Brasil, em 1870, ganhou leito mais confortável: um banco num dos compartimentos do porão. Os camarotes estavam reservados aos oficiais efetivos e a quatro prisioneiros paraguaios. Lá se encontravam o general Bernardino Caballero, que comandara a cavalaria paraguaia na batalha de Curupaiti; o padre Fidel Maíz, alto, pálido e lúgubre; e o tenente-coronel Juan Batista Agüero, que participara dos julgamentos de San Fernando. Além deles, havia um jovem coronel com uma grande cicatriz no rosto, bem-educado, instruído, fluente em inglês. Não era outro senão nosso velho conhecido Juan Crisóstomo Centurión.

Após o combate em Cerro Corá, com o rosto arrebentado por um tiro, Centurión caíra nas mãos de um piquete brasileiro, junto ao padre Maíz, que lhe disse: "Vão nos fuzilar; reze um pai-nosso e o credo para se absolver antes de morrer". Centurión pôde apenas lhe responder com um aceno de cabeça — pois, com a língua quase decepada, não conseguia falar. Naquele momento, estava convencido de que ficaria mudo para o resto da vida, e a ideia de ser fuzilado não lhe causou grande impressão. O piquete, contudo, os levou como prisioneiros à vila de Concepción. Às margens do arroio Negla, foram recebidos na tenda do coronel

Antônio Paranhos — que lhe ofereceu uma xícara de café e enviou Centurión a uma ambulância. O ferimento foi vendado e a boca lavada com água fria. Ao embarcar para o Rio de Janeiro, meses depois, Centurión já havia recuperado a fala.

Pouco sabemos sobre aquela viagem. Dionísio relata apenas:

> *Esses quatro prisioneiros eram grandes amadores do jogo e infalíveis parceiros dos nossos oficiais, que tinham o mesmo vício. Eu dormia na câmara do vapor, em um banco, e passava as noites despertando de vez em quando ao som estridente das gargalhadas, provocadas pelas pilhérias às vezes demasiado pesadas dos jogadores.*

Ao escrever suas memórias, décadas mais tarde, Dionísio Cerqueira culparia a loucura e a tirania de Solano López pela ruína do Paraguai. Centurión, embora muitas vezes tenha criticado as atrocidades do *Mariscal*, retratou-o como herói e pintou um retrato glorioso de sua resistência final — parecendo não se importar com o fato de que, afinal, López o abandonara no campo de batalha. O ilustrado coronel sempre apontou a intransigência de dom Pedro II e as ambições tradicionais do Império como verdadeiro motivo por trás daquela guerra duplamente maldita, que acabou atrasando ambos os países por décadas e cujas consequências ainda sofremos hoje. É possível que ambos os veteranos tivessem sua parcela de razão.

Entre as marcas deixadas pela guerra e ainda hoje discutidas, está o enorme custo humano, principalmente a drástica redução da população paraguaia da época, além da profunda crise política e econômica que se abateu sobre o país derrotado. É verdade que, num primeiro momento, a luta contra o Paraguai gerou no Império brasileiro um sentimento de união nacional. Porém, o conflito trouxe rupturas que levaram ao desgaste da monarquia, e os gastos com a guerra desencadearam um rombo no orçamento público do qual o governo imperial jamais se recuperou. O Exército, antes submisso à monarquia, saiu do conflito com um forte sentimento de união corporativa. Depois da guerra, fortaleceu-se como instituição e aos poucos se afastou da Coroa. E foi no Exército que o crescente sentimento republicano se apoiou, até dar o golpe final no Império em 1889. Mas nem todas as consequências foram ruins. O uso da força escrava mobilizada para a guerra e a incorporação de negros libertos no Exército contribuiu para o questionamento da escravatura. O debate sobre o tema cresceu na sociedade brasileira e tornou-se um dos importantes fatores no processo de crise que levou à queda do Império.

Terminada a guerra, Dionísio Cerqueira reformou-se como general de brigada, representou a Bahia como deputado na Assembleia Constituinte de 1891 e serviu como ministro, em três pastas diferentes, sob o governo de Prudente de Morais. Morreu em 1910, logo após completar suas memórias, e hoje dá nome a um município em Santa Catarina. Centurión, por sua vez, viajou, após a guerra, à França, onde se casou. Viveu por um tempo nos Estados Unidos e em Cuba, antes de voltar ao Paraguai. Também serviu como ministro e parlamentar. Morreu em 1909, em Assunção.

No poema "Homenagem a Sexto Propércio", de Ezra Pound, os generais Mário e Jugurta, arqui-inimigos em vida, reencontram-se no além, na silenciosa barca que conduz os mortos ao Hades. Irreconciliáveis, mas semelhantes, Centurión e Cerqueira escreveram relatos extraordinários sobre um dos conflitos mais sangrentos do século em que viveram e tiveram a secreta honra de navegarem juntos, de forma breve e misteriosa, antes de encontrarem seu destino final.

Agradecemos a Francisco Bino Lacerda e toda sua família, a Natania Neres da Silva e à equipe do Museu Dom Diogo de Souza, da cidade de Bagé (RS), por fornecerem importantes documentos e informações usadas no livro.

LINHA DO TEMPO

1776
Criação do Vice-Reino do Prata, domínio espanhol que abrangia a Argentina, o Paraguai, o Uruguai e a Bolívia, estendendo-se até o Pacífico.

1811
Paraguai derrota as forças portenhas enviadas para submetê-lo. Tem início o regime de José Gaspar Rodríguez de Francia, que governou por cerca de trinta anos sob o título de ditador perpétuo.

1842
Proclamação da independência do Paraguai.

1844
Eleição indireta do presidente Carlos Antonio López pelo Congresso paraguaio.

1853
Francisco Solano López, ministro da Guerra e Marinha do Paraguai e filho de Carlos Antonio, desembarca na Europa com a missão de tirar o país do isolamento.

10 de setembro de 1862
Morre Carlos Antonio López.

16 de outubro de 1862
Francisco Solano López, único candidato à presidência, é nomeado presidente pelo Congresso paraguaio.

1862
Expurgo da oposição paraguaia por parte de Solano López.

30 de agosto de 1864
Solano López lança um ultimato contra a intervenção do Império brasileiro em território uruguaio.

12–14 de outubro de 1864
Uma brigada brasileira entra no território uruguaio.

11 de novembro de 1864
O navio brasileiro *Marquês de Olinda* é atacado em Assunção por ordem de Solano López.

26 de dezembro de 1864
Invasão de Mato Grosso e ataque ao forte brasileiro de Coimbra, em Mato Grosso do Sul, pelo Paraguai.

7 de janeiro de 1865
No Brasil, é criado o Corpo dos Voluntários da Pátria. Nele, podiam se alistar quaisquer cidadãos com idade entre 18 e 50 anos.

18 de março de 1865
López declara oficialmente guerra contra o Brasil, incluindo a Argentina no rol dos inimigos da nação.

15 de abril de 1865
Tomada da cidade de Corrientes, na Argentina, pelo Exército paraguaio.

1º de maio de 1865
Assinatura do Tratado da Tríplice Aliança entre Argentina, Brasil e Uruguai para enfrentar Solano López.

10 de junho de 1865
O Exército paraguaio atravessa o rio Uruguai e invade o Rio Grande do Sul por São Borja.

11 de junho de 1865
Em Corrientes, navios paraguaios avançam sobre a frota brasileira, dando início à Batalha do Riachuelo. A vitória é brasileira. Paraguai perde o acesso ao oceano.

5 de agosto de 1865
O Exército paraguaio ocupa Uruguaiana.

18 de setembro de 1865
Após o cerco de Uruguaiana por 20 mil soldados das tropas aliadas, os invasores paraguaios se rendem e são poupados.

31 de outubro a 3 de novembro de 1865
O Exército paraguaio evacua Corrientes.

16 de abril de 1866
As tropas aliadas iniciam a travessia do rio Paraná em direção ao território paraguaio.

18 de abril de 1866
Tomada do forte de Itapiru pelos aliados.

24 de maio de 1866
Em um ataque surpresa às tropas aliadas, Solano López dá início à Batalha de Tuiuti, com vitória dos aliados.

15 de julho de 1866
O general Osório transfere o comando do primeiro corpo do Exército brasileiro ao general Polidoro da Fonseca Jordão.

18 de agosto de 1866
Em reunião do Conselho de Guerra da Tríplice Aliança, os aliados decidem mudar de estratégia: em vez de romper a frente paraguaia, avançando pelo coração do país, começam a flanquear os paraguaios pela esquerda, subindo pelo rio Paraguai.

3 de setembro de 1866
A esquadra brasileira bombardeia a trincheira paraguaia no forte de Curuzu. Surpreendidos, os paraguaios batem em retirada rumo a Curupaiti.

12 de setembro de 1866
A convite de Solano López, o presidente argentino Bartolomé Mitre encontra-se com o comandante paraguaio, que lhe pede que renuncie ao Tratado da Tríplice Aliança. Mitre nega o pedido.

22 de setembro de 1866
Ocorre a Batalha de Curupaiti. Derrota aliada.

10 de outubro de 1866
O marquês de Caxias é nomeado para o comando geral das forças brasileiras no Paraguai.

22 de julho de 1867
Caxias inicia a marcha para contornar a fortaleza de Humaitá.

14 de janeiro de 1868
Após a morte do vice-presidente argentino, Marcos Paz, Mitre retira-se do Paraguai, transferindo o comando das forças aliadas ao marquês de Caxias.

19 de fevereiro de 1868
Em Montevidéu, Venancio Flores é assassinado.

25 de julho de 1868
Os aliados tomam a fortaleza de Humaitá, evacuada um dia antes por ordem de Solano López.

26 de julho de 1868
Em fuga, os combatentes paraguaios são cercados pelos aliados. Dos 3.300 sitiados, cerca de um terço consegue escapar.

5 de agosto de 1868
Rendição do coronel Martínez, comandante da guarnição paraguaia.

setembro de 1868
López ordena que o quartel-general seja transferido para Piquissirí, junto a um conjunto de morros chamados Lomas Valentinas.

6 de dezembro de 1868
Soldados paraguaios atacam o Exército brasileiro, dando início à Batalha de Itororó.

maio a dezembro de 1868
Execuções políticas são ordenadas por Solano López.

11 de dezembro de 1868
Ocorre a Batalha de Avaí.

21 de dezembro de 1868
Primeiro ataque a Lomas Valentinas, onde estava López.

27 de dezembro de 1868
Segundo ataque a Lomas Valentinas, por forças brasileiras, argentinas e uruguaias. O quartel-general de López é ocupado.

1º de janeiro de 1869
Assunção é ocupada e saqueada por soldados da Aliança.

16 de abril de 1869
O conde d'Eu assume o comando das forças brasileiras no Paraguai.

1º de maio de 1869
Inicia-se a Campanha da Cordilheira, fase final da guerra.

12 de agosto de 1869
As forças aliadas atacam Peribebuí.

16 de agosto de 1869
Ocorre a Batalha de Campo Grande. A maioria dos combatentes é formada por meninos ou velhos maltrapilhos.

8 de fevereiro de 1870
Perseguido pela tropa brasileira, López se refugia em Cerro Corá.

25 de fevereiro de 1870
Em cerimônia em frente ao quartel-general, López reúne seus oficiais superiores, que juram permanecer junto a ele e lutar até a morte.

1º de março de 1870
Ocorre a Batalha de Cerro Corá, última da Guerra do Paraguai. Solano López é morto.

GLOSSÁRIO BÉLICO

Aviso: navio pequeno e rápido usado, a princípio, para transmitir mensagens entre as embarcações de uma esquadra e entre as embarcações e os combatentes em terra. Devido a seu porte, também serve para operações de reconhecimento naval.
Baioneta: arma pontiaguda, usada por soldados de infantaria, que pode ser adaptada à extremidade do cano de um fuzil ou espingarda.
Batedor: soldado que vai à frente do grupo para abrir e explorar o caminho.
Belonave: navio apropriado para operações de guerra.
Bivaque: acampamento provisório de tropas.
Boleadeiras: arma composta de três pedras esféricas unidas entre si por três tiras de couro presas nas pontas, usada principalmente em caças, mas também como arma.
Canhoneio: descarga de canhões.
Chata: embarcação de fundo chato, difícil de ser avistada de longe, usada pelas forças navais paraguaias.
Clavina: espécie de espingarda curta.
Dizimação: prática que consiste em alinhar os soldados, contá-los de dez em dez e retirar da linha os de número dez, que então são executados.
Encouraçado: navio de guerra de grande porte, com poderosa artilharia.

Ensarilhar: dispor as armas no chão em grupos de três de modo que, embaixo, fiquem apoiadas na coronha e, em cima, engatem-se umas às outras.

Escaramuça: combate militar pequeno e breve.

Lançaço: golpe de lança.

Lanceiro: soldado armado com lança.

Mangrulho: torre elevada construída com toscos pedaços de madeira para servir como posto de observação.

Metralha: munição de armas militares composta de balas e pequenos metais (pregos, pedras, pedaços de ferro).

Peça de artilharia: qualquer arma de fogo usada pela artilharia.

Picada: caminho aberto no mato por meio de facão ou armas similares.

Piquete: destacamento militar designado diariamente para serviços internos ou saídas de emergência.

Quartel-mestre: oficial responsável pela distribuição de fundos ou alojamento das tropas.

Sabre: arma branca de lâmina reta ou curva, pontuda e afiada de um só lado.

Sabre-baioneta: sabre que pode ser fixado na extremidade de um fuzil ou mosquetão.

Sapador: aquele que cava trincheiras, fossos, galerias subterrâneas para operações militares e também faz outros trabalhos ligeiros de engenharia militar.

Terrapleno: parte interior de fortificação por onde os defensores podem se deslocar a salvo dos tiros inimigos.

PERSONAGENS HISTÓRICOS

Aguirre, Atanasio (1801–75). Presidente provisório do Uruguai de 1864 a 1865, Atanasio de La Cruz Aguirre Aguado participou de batalhas na fronteira com o Brasil durante a chamada Guerra do Uruguai ou Guerra contra Aguirre (agosto de 1864–fevereiro de 1865), um dos fatores que levaram à Guerra do Paraguai.

Almirante Tamandaré. *Ver Lisboa, Joaquim Marques.*

Barreto, José Luís Mena (1817–79). Militar brasileiro do Rio Grande do Sul, lutou nas batalhas de Itororó e Tuiuti.

Berges, José (1820–68). Tendo ocupado o cargo de embaixador nos Estados Unidos, atuou, durante a Guerra do Paraguai, como ministro das Relações Exteriores do Paraguai, ao lado de Solano López. Morreu fuzilado na batalha de Lomas Valentinas pelas forças paraguaias, sob a acusação de conspiração contra o governo.

Berro, Bernardo Prudencio (1803–68). Escritor e político uruguaio. Foi presidente do Uruguai entre 1860 e 1864. Em 1868, liderou uma rebelião armada contra Venancio Flores e foi assassinado, por vingança, pelos filhos do inimigo.

Bueno, José Antônio Pimenta (1803–78). Formado em direito, o marquês de São Vicente seguiu carreira política desde sua indicação para a magistratura da província de São Paulo. Foi presidente da província de Mato Grosso, ministro da Justiça, presidente da província de São Pedro do Rio Grande do Sul, ministro das Relações Exteriores e presidente do Conselho dos Ministros.

Burton, Richard Francis (1821-90). Nascido na Inglaterra, Burton atuou como escritor, linguista, geógrafo e diplomata britânico, entre outras atividades. Em sua temporada como agente do consulado inglês no Brasil, escreveu uma série de cartas, reunidas na obra *Letters from the Battlefield of Paraguay* [Cartas da Guerra do Paraguai] (1870), e relatos sobre a Guerra do Paraguai, assim como uma série de livros sobre suas explorações no país. Foi também o tradutor para o inglês de obras relevantes, como *Os lusíadas*, de Luís de Camões, e *O livro das mil e uma noites*.

Caballero, Bernardino (1839-1912). General e político paraguaio, fundador do Partido Colorado do Paraguai. Participou de diversas campanhas na Guerra do Paraguai e, depois, tornou-se comandante-geral de armas e ministro de Guerra e Marinha. Foi presidente do Paraguai entre 1880 e 1882.

Cabrita, João Carlos de Villagran (1820-66). Militar uruguaio, foi cadete de primeira classe no Exército Imperial brasileiro aos 19 anos. Mais tarde, já capitão, serviu na missão brasileira ocorrida na República do Paraguai como instrutor de artilharia (1851-2). Em 1864, participou da campanha contra o então presidente do Uruguai, Atanasio Aguirre.

Câmara, José Antônio Correia da (1824-93). Importante militar e político brasileiro. Suas tropas participaram da batalha de Cerro Corá, e foi ele o responsável pela ordem de rendição dada a Solano López. Anos depois (1880-89) atuou como ministro da Guerra do Império do Brasil. Após a proclamação da República Brasileira, foi nomeado governador do Rio Grande do Sul, cargo no qual permaneceu por apenas três meses devido a desentendimentos políticos.

Campos, Frederico Carneiro (1800-67). Coronel e político baiano, presidente da Província da Paraíba (1844-8) e deputado geral pelo Rio de Janeiro, em 1864, recebeu o convite para atuar como presidente da província de Mato Grosso. Faleceu após o navio *Marquês de Olinda*, no qual se encontrava, ser capturado por soldados paraguaios na fortaleza paraguaia de Humaitá, devido à fome e aos maus-tratos sofridos enquanto prisioneiro.

Carrillo, Juana Pabla (1807-71). Esposa de Carlos Antonio López e mãe de Francisco Solano López, ambos presidentes do Paraguai. Envolvida em uma suposta conspiração para destronar o filho, foi julgada e condenada à prisão pelo padre Fidel Maíz sob ordens do presidente.

Castelo Branco, Sérgio Tertuliano (1844-94). Militar, lutou na Guerra do Paraguai, sendo condecorado pelo governo imperial. Envolveu-se na Revolta da Armada em 1893, aderindo à causa revolucionária. Capturado pelas forças de combate aos insurgentes enviadas pelo governo federal a Desterro (atual Florianópolis), foi sumariamente fuzilado em 1894.

Centurión, Juan Crisóstomo (1840-1909). Jornalista, tradutor, diplomata e político paraguaio, estava na Europa estudando como bolsista quando o presidente Francisco Solano López o chamou de volta, em 1863, por ocasião da guerra. Tornou-se coronel e chegou a ser preso pelas forças aliadas, ao fim do conflito, mas foi libertado e retornou à Europa. Viveu na França, nos Estados Unidos, em Cuba e na Jamaica, voltando, por fim, ao Paraguai, onde faleceu.

Chico Diabo. *Ver Lacerda, José Francisco.*

Conde d'Eu. *Ver Orleans, Luis Filipe Maria Fernando Gastão de.*

Díaz, José Eduvigis (1833-67). General paraguaio que derrotou as forças aliadas na batalha de Curipaiti (1866). Participou também das batalhas de Corrales, de Estero Bellaco e de Tuiuti, na qual comandou as tropas contra os aliados, e de Boquerón. Uma hora antes de sua morte, em uma missão dada por Solano López, foi promovido a general.

Duque de Caxias. *Ver Lima e Silva, Luís Alves de.*

Elizalde, Rufino Jacinto de (1822-87). O argentino foi um dos assinantes, junto com os representantes de Brasil e Uruguai, do

Tratado da Tríplice Aliança na Guerra do Paraguai. Teve uma longa carreira política e diplomática, atuando, no governo de Bartolomé Mitre, como tenente da Guarda Nacional Argentina, ministro da Fazenda, ministro das Relações Exteriores, deputado do Estado de Buenos Aires e procurador-geral do Estado.

Estigarribia, Antonio de la Cruz (datas de nascimento e morte desconhecidas). Coronel do Exército paraguaio, comandou o ataque ao território do Rio Grande do Sul, em 1865. Antes disso, foi conselheiro do ministro da Guerra, Francisco Solano López, na mediação de 1859 entre Buenos Aires e a Confederação Argentina. Após se render, impedido de voltar ao Paraguai, instalou-se no Rio de Janeiro.

Flores, Venancio (1808–68). Foi presidente do Uruguai por dois mandatos (1854–5 e 1865–8). Em 1864, fez com os governos brasileiro e argentino o pacto da Tríplice Aliança, em que se comprometia a entrar em guerra contra o Paraguai, em troca do apoio das forças brasileiras para derrubar o então presidente uruguaio Atanasio Aguirre.

Francia, José Gaspar Rodríguez de (1766–1840). Advogado paraguaio filho de um fazendeiro brasileiro, foi o primeiro ditador do Paraguai, governando de 1814 até sua morte, em 1840, sob o título de Ditador Supremo e Perpétuo.

Garmendia, José Ignacio (1841–1925). Pintor, escritor e militar argentino, ficou conhecido especialmente por suas obras que retratam a Guerra do Paraguai.

Gill, Juan Bautista (1840–77). Presidente paraguaio entre 1874 e 1877, serviu na Guerra do Paraguai como médico, ofício que estudou, mas em que não chegou a se formar, na Argentina. Seu governo como presidente contou com elevado grau de desaprovação e lhe trouxe diversos inimigos: Gill foi assassinado por conspiradores.

Jordão, Polidoro da Fonseca Quintanilha (1802–79). O visconde de Santa Teresa foi general e ministro dos Negócios da Guerra, tendo participado das guerras dos Farrapos e do Paraguai, pela qual foi condecorado. Foi também diretor da Escola Militar do Rio de Janeiro.

Lacerda, José Francisco (1848-93). Gaúcho, também conhecido como Chico Diabo, foi um cabo do Exército brasileiro que lutou na Guerra do Paraguai como parte dos Voluntários da Pátria. Ficou conhecido como o responsável pela morte de Francisco Solano López, na batalha de Cerro Corá (1870).

Lima, Antônio Fernandes de (1803?-75). Foi coronel do Exército brasileiro e chefe das forças imperiais de fronteira, tendo liderado a defesa de São Borja na Guerra do Paraguai.

Lima e Silva, Luís Alves de (1803-80). Mais conhecido como duque de Caxias, foi um militar, político e monarquista. Lutou contra Portugal em 1823 pela independência do Brasil e seguiu leal à monarquia no comando de forças de combate à Revolta da Balaiada, às Revoltas Liberais e à Revolução Farroupilha. Foi nomeado comandante das tropas brasileiras na Guerra do Paraguai em 1866, reestruturando as forças e recursos e liderando campanhas vitoriosas, que abriram caminho para o êxito do Brasil na disputa. É o patrono do Exército brasileiro.

Lisboa, Joaquim Marques (1807-97). Importante militar da Armada Imperial Brasileira, é considerado patrono da Marinha brasileira. Participou ativamente da Guerra do Paraguai como comandante da esquadra naval na Batalha do Riachuelo e das forças navais na bacia do rio Prata em apoio às tropas que lutavam nas batalhas do Passo da Pátria, de Curuzu e de Curupaiti. Além disso, esteve presente em outras guerras e batalhas nacionais, como a Revolução Farroupilha.

López, Angel Benigno (1834-68). Filho de Carlos Antonio López (presidente paraguaio entre 1841 e 1862) e irmão de Solano López, foi major no Exército e almirante na Marinha. Morreu executado na guerra por seu irmão.

López, Carlos Antonio (1790?-1862). Ditador do Paraguai entre 1841 e 1862, nomeado após um golpe de Estado, trabalhou pelo desenvolvimento econômico do Paraguai, pelo reconhecimento da independência paraguaia e pelo fortalecimento do Exército. Nomeou seus parentes para os cargos importantes do país e passou grande parte das terras públicas para seu nome. Sua política externa levou o país a disputas diplomáticas com o Brasil, a Inglaterra e os Estados Unidos.

López, Francisco Solano (1827-70). Presidente do Paraguai de 1862 a 1870, sucedeu seu pai, Carlos Antonio López. Antes de assumir, comandou o Exército paraguaio e foi ministro da Guerra e da Marinha. Acusou diversos conterrâneos, inclusive alguns antigos aliados, de conspiração, mandando executá-los. Embora haja quem o considere um herói, seu governo foi violento e autoritário.

Lynch, Elisa Alicia (1835-86). Nascida na Irlanda, Madame Lynch conheceu Francisco Solano López em Paris, em 1854. No Paraguai, tiveram sete filhos e viveram maritalmente. Elisa esteve com seu companheiro durante as fases mais duras da guerra, até ele e seu filho mais velho serem assassinados em Cerro Corá. Muito detratada pelos aliados e pelos próprios paraguaios, sua influência política é discutível. Após o fim do conflito e a morte de López, foi expulsa do país, retornando à França.

Magalhães, Benjamin Constant Botelho de (1836-91). Militar, professor e engenheiro carioca, participou de importantes momentos da história brasileira, como a Guerra do Paraguai e a queda da monarquia. Fez parte do governo provisório da república e foi autor do lema "Ordem e progresso" da bandeira brasileira.

Maíz, Fidel (1828-1920). Padre paraguaio, próximo de Francisco Solano López, atuou em nome do governo nos chamados tribunais de sangue, em que acusados de conspiração contra o governo eram julgados e condenados ao fuzilamento em um mesmo dia, com expedientes que usavam de tortura para obter confissões.

Mallet, Emílio Luís (1801-86). Barão de Itapevi, o francês veio com a família para o Brasil em 1818. Foi convidado pelo imperador dom Pedro I para integrar o Exército brasileiro, chegou a ser dispensado da ativa em 1831 por não ser brasileiro nato, mas foi convidado a servir novamente durante a Revolução Farroupilha. Foi definitivamente reintegrado ao serviço militar em 1851, por ocasião da Guerra do Prata. Depois, na Guerra do Paraguai, foi essencial para o êxito nas batalhas de Passo da Pátria, Estero Bellaco e Tuiuti. É reconhecido como patrono da Artilharia do Exército brasileiro.

Marcó, Hilario (1827–69). Comandante da força policial paraguaia (1858), além de tenente-coronel, esteve presente em várias batalhas ocorridas durante a Guerra do Paraguai, como a batalha de Tuiuti, em que perdeu a mão esquerda. Além disso, comandou o pelotão de fuzilamento responsável pela execução dos acusados de conspiração contra o governo de Solano López — mais tarde, ele mesmo seria executado sob a acusação de conspiração.

Martins, Davi José (1796–1867). Militar brasileiro também conhecido por Davi Canabarro ou General Canabarro, lutou durante três anos na Guerra do Paraguai. Anteriormente, havia lutado na Revolução Farroupilha, cujo comando assumiu em 1843.

Meza, Pedro Ignacio (1813–65). Comandante da Armada Paraguaia. Na Batalha do Riachuelo, foi ferido durante um ataque ao vapor *Parnaíba* e morreu após quatro dias, na fortaleza de Humaitá.

Mitre, Bartolomé (1821–1906). Foi presidente da Argentina entre 1862 e 1868. Esteve diretamente envolvido na Guerra do Paraguai, sendo comandante da Aliança. No fim da vida, tornou-se senador e comprou o jornal *La Nación Argentina*, hoje *La Nación*. É autor de, entre outros, *Historia de Belgrano y de la Independencia Argentina* e *Historia de San Martín y de la Emancipación Sudamericana*.

Órleans, Luis Filipe Maria Fernando Gastão de (1842–1922). O conde d'Eu, como ficou conhecido, era neto do rei francês Luís Filipe I, mas, ao casar-se, em 1864, com a princesa Isabel, renunciou a seu lugar na linha de sucessão da França. No Brasil, como príncipe consorte, teve participação ativa em questões de governo, mas era bastante impopular com a mídia e o povo. Militar, foi comandante em chefe dos exércitos aliados na fase final da Guerra do Paraguai.

Osório, Manuel Luís (1808–79). Militar e político gaúcho, foi um dos maiores líderes da Guerra do Paraguai. Marechal e patrono da Cavalaria do Exército, era apelidado "O Legendário", tendo lutado ainda nas guerras da Cisplatina, do Prata e na Revolução Farroupilha.

Palacios, Manuel Antonio (1824–68). Bispo em Assunção, foi executado por ordem do presidente Francisco Solano López durante a Matança de San Fernando, sob acusação de conspirar contra ele.

Peixoto, Floriano Vieira (1839–95). Militar e político alagoano, foi o segundo presidente do Brasil (1884–5). Lutou na Guerra do Paraguai e foi ministro da Guerra (1890–1) e vice-presidente (1891). Inaugurou o chamado "florianismo", culto político a sua personalidade.

Pimentel, Joaquim Silverio de Azevedo (1844–1934). Participou da Guerra do Paraguai como parte da tropa dos Voluntários da Pátria, no cargo de assistente da diretoria de arsenal de guerra. Anos depois, tornou-se jornalista e colaborou com o *Jornal do Brasil* e o *Jornal do Commercio*. Em 1897, escreveu o livro *Episódios militares: Guerra do Paraguai*.

Resquín, Francisco Isidoro (1823–82). General paraguaio, foi preso no Brasil ao fim da guerra, mas, libertado, voltou ao seu país e refez o exército nacional. Escreveu *Datos históricos de la guerra del Paraguay contra la Triple Alianza*.

Rivera, José Frutuoso (1784–1854). Militar e político uruguaio, em sua carreira política exerceu o cargo de líder do Partido Colorado do Uruguai e foi o primeiro presidente constitucional do país, exercendo o cargo por dois mandatos (1830–4 e 1838–43). Como militar, participou da guerra civil uruguaia (1832–4) ocorrida entre os partidos Blanco e Colorado.

Rosa, Francisco Octaviano de Almeida (1826–89). Advogado, jornalista, escritor e político carioca, é patrono da Academia Brasileira de Letras. Escreveu em diversos jornais a favor do Partido Liberal e ajudou a elaborar o Tratado da Tríplice Aliança.

Rosas, Juan Manuel (1793–1877). Conhecido como "Restaurador das Leis", foi governador da província de Buenos Aires e também da Confederação Argentina, entidade criada por ele de forma ditatorial. Enfrentou revoltas contra seu governo e tentou anexar o Uruguai e o Paraguai, mas foi derrotado e passou seus últimos anos, desde 1852, exilado no Reino Unido.

Sampaio, Antônio de (1810–66). General do Exército, participou de diversas guerras brasileiras, como a Cabanagem, a Balaiada e a Guerra dos Farrapos, além da Guerra do Paraguai. Foi ferido na Batalha de Tuiuti, em 24 de maio de 1866, e morreu a bordo do navio *Eponina*, que trasladava os combatentes a Buenos Aires.

Sánchez, Domingo Francisco (1795–1870). Político paraguaio, ocupou vários cargos distintos durante a carreira, como secretário do Congresso encarregado de defender a ordem, a independência e a soberania nacional (1841), secretário de governo (1855), ministro das Relações Exteriores e vice-presidente durante a administração de Francisco Solano López (1862–70). Morreu na batalha de Cerro Corá, que deu fim à Guerra do Paraguai.

Sarmiento, Domingo Faustino (1811–88). Jornalista e escritor argentino, exilou-se no Chile durante o regime de Juan Manuel Rosas. Participou do Exército Grande que derrubou Rosas em 1852, tornando-se governador de sua província na década de 1860 e, posteriormente, embaixador da Argentina nos Estados Unidos. Foi eleito presidente da Argentina em 1868 e estava no comando do país quando a Guerra do Paraguai chegou ao fim.

Sarmiento, Domingo Fidel (1845–66). Dominguito, filho adotivo de Domingos Faustino Sarmiento, lutou como capitão na Guerra do Paraguai pelo Exército argentino. Foi morto em combate, na Batalha de Curupaiti, aos 21 anos.

Seeber, Francisco (1841–1913). Político e militar argentino que atuou como prefeito de Buenos Aires (1889–90) e representou a Argentina no Congresso da Paz Universal (1894), ocorrido em Antuérpia. Como militar, ocupou o posto de capitão durante a Guerra do Paraguai (1865-6). Anos depois, escreveu a obra *Cartas sobre la Guerra del Paraguay* (1907).

Taunay, Alfredo Maria Adriano d'Escragnolle (1843-99). Músico, escritor, político, historiador, sociólogo e engenheiro militar carioca, o visconde de Taunay participou da Guerra do Paraguai na Comissão de Engenheiros, experiência que o levou a escrever, entre outros livros, *Cenas de viagem* (1869), *A retirada da Laguna: episódio da Guerra do Paraguai* (1871), *Recordações de guerra e de viagem* (1878) e *Em Mato Grosso invadido* (1866-67). Foi secretário do conde d'Eu, redigindo o *Diário do Exército*.

Tavares, João Nunes da Silva (1818-1906). Também conhecido como Joca Tavares, foi um importante general e político brasileiro. Em 1892, ocupou o cargo de presidente do Rio Grande do Sul e foi o responsável por iniciar a guerra civil que, mais tarde, daria início à Revolução Federalista (1893-95). Foi promovido a general no início da Guerra do Paraguai e, quando esta chegou ao fim (1870), foi nomeado brigadeiro honorário do Exército, além de receber os títulos de Barão de Itaqui e Cavaleiro da Imperial Ordem do Cruzeiro. Participou da campanha abolicionista.

Torrent, Juan Eusebio (1834-1901). Um dos principais aliados de Bartolomé Mitre, o advogado argentino foi deputado, senador e membro da Suprema Corte (1892-1901). Militante, foi um dos fundadores do Partido Liberal Correntino e da União Cívica.

Tosta, Manuel José Vieira (1807-96). Barão de Muritiba, ficou conhecido por sua atuação política como ministro da Marinha, da Guerra e da Justiça, deputado e senador durante o Império. Também atuou como presidente das províncias de Pernambuco, Rio Grande do Sul e Santa Catarina.

Viñales, Martín (1846-1907). Major argentino, lutou em guerras civis de seu país e também na Guerra do Paraguai, durante a qual ficou seriamente ferido e teve o braço amputado. Foi também deputado na Argentina.

REFERÊNCIAS

ALIGHIERI, Dante. *La divina comedia*. Traducción en verso ajustada al original por Bartolomé Mitre. Buenos Aires: Centro Cultural Latium, 1922.

BÁEZ, Cecilio. *Cuadros históricos y descriptivos*. Assunção: Talleres Gráficos de H. Kraus, 1906.

_____. *El Mariscal Francisco Solano López*. Assunção: Junta Patriótica, 1926.

_____. *Resumen de la historia del Paraguay: desde la época de la conquista hasta el año 80*. Assunção: Talleres Gráficos de H. Kraus, 1910.

BAPTISTA, Fernando. *Elisa Lynch: mulher do mundo e da guerra*. Rio de Janeiro: Civilização Brasileira, 1986.

BARRET, William E. *Una amazona: la vida de Elisa Lynch y Francisco Solano López*. Buenos Aires: Compañía Editora del Plata, 1940.

BRAY, Arturo. *Hombres y épocas del Paraguay*. Buenos Aires: Editorial Difusam, 1943.

_____. *Solano López, soldado de la gloria y del infortunio*. 3. ed. Assunção: Carlos Schauman Editor, 1984.

BEKENSTEIN, Gabriela Paula. *La Divina Comedia de Dante Alighieri, en la traducción de Bartolomé Mitre (1897)*. Alicante: Biblioteca Virtual Miguel de Cervantes, 2012. Disponível em: <www.cervantesvirtual.com/obra/la-divina-comedia-de-dante-alighieri-en-la-traduccion-de-bartolome-mitre-1897>. Acesso em: 12 jun. 2020.

BLOMBERG, Héctor Pedro. *La dama del Paraguay*. Buenos Aires: Editora Inter-americana, 1942.

BURTON, Richard Francis. *Cartas dos campos de batalha do Paraguai*. Rio de Janeiro: Biblioteca do Exército, 1997.

CÂMARA, general Rinaldo Pereira da. *O marechal Câmara*. Porto Alegre: Livraria do Globo, 1964.

CAPOBASSI, José S. *Mitre y su época*. Buenos Aires: Editorial Universitaria, 1980.

CARDOZO, Efraím. *Breve historia del Paraguay*. Buenos Aires: Editorial Universitaria, 1965.

_____. *Hace 100 años: crónicas de la guerra del 1864–70*. Assunção: Edición Emasa, 1970.

CASTRO, Celso. "Entre Caxias e Osório: a criação do culto ao patrono do Exército brasileiro". *Revista Estudos Históricos*, v. 15, n. 25, 2000.

CENTURION, Carlos R. *La mujer paraguaya a traves de la historia*. Assunção: Imp. Ariel, 1939.

CENTURIÓN, Juan Crisóstomo. *Memorias o reminiscencias históricas sobre la Guerra del Paraguay*. Assunção: El Lector, 1987.

CERQUEIRA, Dionísio. *Reminiscências da Campanha do Paraguai*. Rio de Janeiro: Gráfica Laemmert, 1948.

CHAVES, Julio César. *La conferencia de Yataity-Corá*. Assunção/Buenos Aires: Biblioteca Histórica Paraguaia de Cultura Popular, 1958.

CHIAVENATO, Júlio José. *Genocídio americano: a Guerra do Paraguai*. São Paulo: Círculo do Livro, 1988.

CORREIA, Jonas de Morais. "A conferência de Yataity-Corá, uma cimeira singular". *Revista do Instituto Histórico e Geográfico Brasileiro*, Rio de Janeiro, n. 413, out./dez. 2001.

COSTA, Wilma Peres. *A espada de Dâmocles. O Exército, a Guerra do Paraguai e a crise do Império*. São Paulo: Hucitec; Campinas: Editora Unicamp, 1996.

CPDOC-FGV. *Dicionário histórico-biográfico brasileiro*. Disponível em: https://cpdoc.fgv.br/acervo/dhbb. Acesso em: 19 jan. 2021.

DAROS, Romeu Porto. *Implicações identitárias e culturais na criação do Dante sul americano por dom Pedro II e Bartolomé Mitre*. 2015. Tese (Doutorado em Literatura) — Universidade Federal de Santa Catarina, Florianópolis, 2015.

DECOUD, Héctor Francisco. *Elisa Lynch de Quatrefages*. Buenos Aires: Librería Cervantes, 1939.

DICIONÁRIO eletrônico Houaiss da língua portuguesa. Rio de Janeiro: Objetiva, 2009.

Dicionário Priberam da Língua Portuguesa, 2008-2020. Disponível em: https://dicionario.priberam.org. Acesso em: 19 jan. 2021.

DORATIOTO, Francisco. *General Osorio: a espada liberal do Império*. São Paulo: Companhia das Letras, 2008.

_____. *Maldita guerra: nova história da Guerra do Paraguai*. São Paulo: Companhia das Letras, 2002.

_____. *O conflito com o Paraguai: a grande guerra do Brasil*. São Paulo: Ática, 1996.

FIGUEIRA, Divalte Garcia. *Soldados e negociantes na Guerra do Paraguai*. São Paulo: Humanitas: Fapesp, 2001.

FOURNIAL, Georges. *Elisa Alicia Lynch: guerrera contra los ingleses y la Triple Alianza*. Assunção: Serví Libro, 2008.

FRAGOSO, Augusto Tasso. *História da guerra entre a Tríplice Aliança e o Paraguai*. Rio de Janeiro: Biblioteca do Exército, 1957. 4 v.

FRAGOSO, general Augusto Tasso. *História da guerra entre a Tríplice Aliança e o Paraguai*. Rio de Janeiro: Imprensa do Estado-Maior do Exército, 1934.

GANDÍA, Enrique de. *Mitre bibliófilo*. Buenos Aires: Coni, 1939.

GARMENDIA, José Ignacio. *La cartera de un soldado (bocetos sobre La Marcha)*. 6. ed. Buenos Aires: Círculo Militar, 1973.

_____. *Recuerdos de la Guerra del Paraguay: campaña de Humaytá*. 2. ed. Buenos Aires: Jacobo Peuser, 1901.

GARRIDO, Marcela F. *Mitre: iconografías argentinas*. Buenos Aires: Museo Roca, 2009.

GAY, cônego João Pedro. *Invasão paraguaia na fronteira brasileira do Uruguai*. Edição e comentários: major Sousa Doca. Porto Alegre: IEL/EST/UCS, 1980.

IZECKSOHN, Vitor. *O cerne da discórdia: a Guerra do Paraguai e o núcleo profissional do Exército brasileiro*. Rio de Janeiro: E-papers, 2002.

LEMIESZEK, Claudio de Leão. *Bagé: relatos de sua história*. Porto Alegre: Martins Livreiro, 1997.

LEMOS, Renato. *Benjamin Constant: vida e história*. Rio de Janeiro: Topbooks, 1999.

_____. *Cartas da guerra: Benjamin Constant na Campanha do Paraguai*. Rio de Janeiro: IPHAN: Museu Casa Benjamin Constant, 1999.

LILLIS, Michael; FANNING, Ronan. *Calúnia: Elisa Lynch e a Guerra do Paraguai*. Tradução: Marisa Porto. São Paulo: Terceiro Nome, 2009.

MAESTRI, Mário. *A guerra no papel: história e historiografia da Guerra do Paraguai (1864–1870)*. Passo Fundo: UPF, 2013.

_____. Quem matou o Mariscal? Cerro Corá, 1º de março de 1870: Entre a história e o mito. *Tempos Históricos*, v. 18, p. 354-387, 1º sem. 2014.

MARTINS, Hélio Leôncio. *Gloriosas amantes*. Rio de Janeiro, 2005.

MATTOS, Eron Vaz. *Aqui: Memorial em Olhos D'água: ensaio etnográfico*. Bagé, 2013.

MENEZES, Alfredo da Mota. *A guerra é nossa: a Inglaterra não provocou a Guerra do Paraguai*. São Paulo: Contexto, 2012.

O'LEARY, Juan Emiliano. *El centauro de Ybicuí: vida heroica del general Bernardino Caballero en la Guerra del Paraguay*. Paris: Le Livre Libre, 1929.

_____. *El libro de los héroes: páginas históricas de la Guerra del Paraguay*. Assunção: Librería Mundial, 1922.

PERNIDJI, Joseph Eskenazi; PERNIDJI, Mauricio Eskenazi. *Homens e mulheres na Guerra do Paraguai*. Rio de Janeiro: Imago, 2003.

PIMENTEL, Joaquim Silvério de Azevedo. *Episódios militares*. Rio de Janeiro: Biblioteca Militar, 1938.

PLÁ, Josefina. *La Gran Infortunada*. Assunção: Criterio Ediciones, 2007.

POMER, León. *Cinco años de guerra civil en la Argentina (1865–70)*. Buenos Aires: Amorrortu, 1986.

_____. *Os conflitos da bacia do Prata*. Tradução: Luiz Roberto Seabra Malta. São Paulo: Brasiliense, 1979.

REES, Siân. *The Shadows of Elisa Lynch: How a Nineteenth Century Irish Courtesan Became the Most Powerful Woman in Paraguay*. Londres: Gardner, 2003.

RESQUÍN, General. *Datos históricos*. Buenos Aires, 1895.

ROSA, José María. *La Guerra del Paraguay y las montoneras argentinas*. Buenos Aires: A. Peña Lillo Editor, 1974.

SALLES, Ricardo. *A Guerra do Paraguai: escravidão e cidadania na formação do Exército*. Rio de Janeiro: Paz e Terra, 1990.

_____. *Guerra do Paraguai: memórias e imagens*. Rio de Janeiro: Editora Biblioteca Nacional, 2003.

SCHWARCZ, Lilia Moritz. *As barbas do imperador: D. Pedro II, um monarca nos trópicos*. São Paulo: Companhia das Letras, 1998.

SEEBER, tenente Francisco. *Cartas sobre la Guerra del Paraguay (1865–66)*. Buenos Aires: Talleres Gráficos de L. J. Rosso, 1907.

SILVA, Natania Neres da. As imagens do jornalista Héctor Florencio Varela sobre Madame Lynch e o Paraguai no pós-Guerra da Tríplice Aliança. *Revista Eletrônica da ANPHLAC*, n. 24, p. 44-71, 1º sem. 2018.

TAUNAY, Alfredo d'Escragnolle. *A retirada da Laguna: episódio da Guerra do Paraguay*. Tradução: B. T. Ramiz Galvão. Rio de Janeiro: Garnier, [s. d.].

_____. *Em Mato Grosso invadido (1866–67)*. São Paulo: Melhoramentos, 1929.

_____. *Memórias*. São Paulo: Melhoramentos, 1946.

_____. *Recordações de guerra e de viagem*. Brasília: Edições do Senado Federal, 2008.

THOMPSON, George. *Guerra do Paraguai: com um esboço histórico do país e do povo paraguaio e notas sobre a engenharia militar durante a guerra*. Rio de Janeiro: Conquista, 1968.

_____. *La Guerra del Paraguay*. Assunção: RP Ediciones, 1992 [1869].

TORAL, André. *Adeus, chamigo brasileiro*. São Paulo: Companhia das Letras, 1999.

TUCK, Lily. *The News from Paraguay*. Nova York: HarperCollins, 2004.

VAN, Halle. *Lopez, viagem ao Paraguay: episódio da vida intima do ex-ditador e de sua favorita Elisa Lynch*. Rio de Janeiro: Typografia Americana, 1870.

VARELA, Héctor Florêncio. *Elisa Lynch*. Rio de Janeiro/Buenos Aires: Editorial Tor, 1933.

ZEBALLOS, Estanislao. *Diplomacia desarmada*. Bueno Aires: Editorial Universitaria, 1974.

CRÉDITOS DAS IMAGENS

PERSONAGENS

Cap. 1: Eliza Lynch. Retrato publicado em *Revista de História da Biblioteca Nacional* / Wikimedia Commons. **Cap. 2:** João Pedro Gay. Ilustração de Juca Lopes, a partir de fotografia publicada em GAY, Cônego João Pedro. *Invasão Paraguaia na fronteira brasileira do Uruguai*. IEL: UCS, 1980. **Cap. 3:** Dionísio Cerqueira. Adaptação de fotografia publicada em CERQUEIRA, Dionísio. *Reminiscências da Campanha do Paraguai*. Rio de Janeiro: Biblioteca do Exército, 1980. **Cap. 4:** Bartolomé Mitre (à esq.) e Francisco Solano López (à dir.) em Iataití-Corá. Quadro de FORTUNY, Francisco. *La entrevista de Yataity Corá del 11 Septiembre de 1866*. C. 1895 / Wikimedia Commons. **Cap. 5:** Benjamin Constant (acima). Domínio público / Acervo Arquivo Nacional / Wikimedia Commons. Duque de Caxias (abaixo). Assembleia Legislativa do Estado de São Paulo. **Cap. 6:** Retrato de militar condecorado e uniformizado, tendo ao lado duas crianças também uniformizadas, em acampamento militar durante a Guerra do Paraguai. Thereza Christina Maria / Acervo da Fundação Biblioteca Nacional, Brasil. **Cap. 7:** Chico Diabo. Ilustração publicada em: *A Vida Fluminense*, n. 139, 27 ago. 1870. Disponível em: http://objdigital.bn.br/acervo_digital/div_periodicos/vida_fluminense/vida_fluminense_1870/139.pdf. **Epílogo:** Francisco Solano López (à esq.). Retrato publicado em WASHBURN, Charles Ames. *The History of Paraguay: With notes of personal observations, and reminiscences of diplomacy under difficulties*. V. II, 1871. Boston; Nova York: Lee and Shepard; Lee, Shepard and Dillingham, 1871. Dom Pedro II (à dir.). Retrato de MAFRA, João Maximiano. *Retrato de dom Pedro II*. 1851 / Wikimedia Commons.

MAPAS

Primeiras movimentações: Juca Lopes. **Movimentações até Humaitá:** Juca Lopes, com base no mapa *Guerra do Paraguai – o complexo fortificado de Humaitá*, de Bernardo Joffily, para o *Atlas histórico do Brasil*. Fundação Getulio Vargas, 2016. Disponível em: https://atlas.fgv.br/marcos/guerra-do-paraguai/mapas/guerra-do-paraguai-o-complexo-fortificado-de-humaita. Acesso em: 21 jan. 2021. **A manobra de Caxias:** Juca Lopes, com informações retiradas de MORGADO, General Sergio R. D. A manobra de Piquiciri, parte 2. *Da Cultura*, Rio de Janeiro: Funceb, ano XI, n. 18, 2011.

Todos os esforços foram feitos para contatar e creditar devidamente os detentores dos direitos das imagens. Eventuais omissões de crédito não são intencionais e serão devidamente solucionadas nas próximas edições, bastando que seus proprietários contatem a editora.

Este livro foi impresso pela Exklusiva, em 2021, para a HarperCollins Brasil. A fonte do miolo é Eskorte Latin. O papel do miolo é pólen soft 80g/m², e o da capa é cartão 250g/m².